城市化、集聚效应和收入分配

王建国 著

中国农业大学出版社
· 北京 ·

图书在版编目(CIP)数据

城市化、集聚效应和收入分配/王建国著.—北京:中国农业大学出版社,2016.9

ISBN 978-7-5655-1707-5

Ⅰ.①城…　Ⅱ.①王…　Ⅲ.①收入差距-研究-中国　Ⅳ.①F124.7

中国版本图书馆 CIP 数据核字(2016)第 226142 号

书　　名　城市化、集聚效应和收入分配

作　　者　王建国　著

策划编辑　张　玉　　**责任编辑**　张　玉

封面设计　郑　川　　**责任校对**　王晓凤

出版发行　中国农业大学出版社

社　　址　北京市海淀区圆明园西路 2 号　　**邮政编码**　100193

电　　话　发行部 010-62818525,8625　　读者服务部 010-62732336

编辑部 010-62732617,2618　　出　版　部 010-62733440

网　　址　http://www.cau.edu.cn/caup　　**E-mail** cbsszs @ cau.edu.cn

经　　销　新华书店

印　　刷　涿州市星河印刷有限公司

版　　次　2016 年 9 月第 1 版　　2016 年 9 月第 1 次印刷

规　　格　787×980　　16 开本　　9.75 印张　　180 千字

定　　价　38.00 元

序 言

改革开放以来，我国经历着当今世界历史上规模最大的、速度最快的城市化过程。农村转移人口规模不断扩大，城市化率逐年提高，城市数量和规模持续增加。城市化改善了资源的空间配置效率、加快了生产要素在城市的集聚，在推动经济高速增长的同时，也在影响着收入分配。与此同时，居民收入差距长期以来持续扩大，而劳动收入占比自20世纪90年代中期以后不断减少，已经成为收入分配领域的热点问题。本书以我国城市化及城市集聚为视角，在回顾相关经济理论和经验事实基础上，旨在探讨其对收入分配的影响，以期深化对城市化的收入分配效应的认识，并尽可能为我国城市化战略决策提供思路和参考。

城市化给居民收入及其分配的统计带来了挑战。居民收入统计资料主要来自于住户调查，而长期以来我国城乡分开的住户调查存在着城乡划分范围不明确、城乡居民收入指标不统一、在城市的农民工住户的覆盖率不高、农民工住户归属不确定以及农村外出从业收入核算不一致等问题。2013年实施的城乡一体化住户调查虽然已经解决了前两个问题，但是尚未解决后三个问题。本书将讨论农村外出从业收入核算不一致问题。农村劳动力转移使得对农村“家庭”和“住户”的理解不再相同，造成了外出从业收入核算的不统一，给居民收入差距统计及对收入分配趋势的研判带来了挑战。鉴于此，第四章将从理论和实践层面分析基层外出从业收入核算方式的选择及其对居民收入分配统计的影响。

城市化对居民收入差距和劳动收入占比的影响并非线性的。在经济发展初级阶段，高收入或较富裕的农村常住户能承担外出成本，更可能有成员外出从业。随着经济发展水平的提高，低收入户积累了经济资源，也逐步能够有成员外出从业。因此，在城市化的推进过程中，居民收入差距很可能呈现倒U型趋势。此外，在发展中国家从“二元经济”转为“一元经济”的过程中，工人工资也从保持不变向快速上涨转变，劳动收入占比很可能由此呈现出正U型规律。本书第五和第六章将从理论和经验角度对特定发展阶段下城市化与居民收入差距、劳动收入占比之间的关系进行探讨。

城市化究竟以中小城市为主导、还是以大城市为主导，在学术和政策上依然存在争议。支持后者的观点认为大城市的人均资本更高，集聚效应更强，更能增加就业和提高工资水平。支持前者的观点认为大城市规模继续扩大会造成交通拥堵和公共资源使用紧张等。相对于城市集聚所造成的负面效应，城市集聚所带来的正面效应常被忽视。实际上，城市的最优规模是城市扩张带来的正面效应和负面效应相权衡的结果。为了提供更多的关于这个问题的证据，本书第七和第八章将实证分析城市集聚对城市农民工和城市工人工资的影响。

本书各章节的汇集、成书和出版离不开国家自然科学基金青年项目“便利性、城市人口集聚及其空间优化”（项目编号：71503023）以及北京市优秀人才培养资助项目“京津冀协同发展对北京市人口规模影响的模拟研究”（项目编号：2015000020124G077）的资助，在此表示感谢。

王建国

2016 年 5 月于北京

目　录

1 导　论

1.1 研究背景

自改革开放以来，随着城镇地区对农村劳动力需求的增强、户籍制度的放松和城市体系的调整，中国经历着史无前例的城市化进程。1979—1999 年，城市人口从 1.85 亿增加到 4.37 亿，年均增加 1 263 万，城市化率由 18.96%提高到 34.78%，年均提高 0.79 个百分点；2000—2014 年，城市化速度加快，城市人口从 4.59 亿增长到 7.49 亿，年均增长 2072 万，城市化率从 36.22%增加到 54.77%，年均增加1.33 个百分点。然而，目前我国城市化率仍不高，到 2010 年也低于相同发展阶段的其他国家（图 1-1）。推动快速城市化的重要力量是人口流动或迁移规模不断扩大。1982 年“三普”和 1990 年的“四普”数据结果显示，1982 年和 1990 年居住地与人口登记地不一致的人口比例分别为 1.13%和 2.61%。2000 年以后，流动人口规模加快扩大。据 2000 年“五普”数据显示，2000 年人户分离人口达到 1.44 亿，占全国总人口的 11.4%；到 2010 年，“六普”数据表明，人户分离人口已高达 2.61 亿，在全国总人口的比重已达到 19.5%。在流动人口中，来自农村地区的外出人口或劳动力是城市化的主力军。改革开放初期，农村外出劳动力不到 200 万人，到 2015 年已达到 1.69 亿人。

这段时期，中国城市体系或规模分布也在发生显著变化。1980—1999 年，在中央政府“严格控制大城市规模，合理发展中小城市，积极发展小城镇”政策作用下，大城市数量和规模增长率明显慢于中小城市，城市平均规模总体呈下降趋势。2000—2013 年，中央政府主张“大中小城市和小城镇协调发展”，不再严格限制大城市规模的扩张，大中城市得以较快发展。但是 2014 年后，中央政府要求严格控制城区人口在 500 万以上的特大城市人口规模，因而预计特大城市人口规模的扩张将有所放缓，城市平均规模将有所缩小。根据已有的研究，中国城市规模差距依旧较小，仍未摆脱“数量较多、规模较小”的局面。随着对特大城市规模的限制进一步加大，大城市，特别是特大城市在引领中国快速城市化上的作用将减弱，这需要进一步优化我国城市体系。

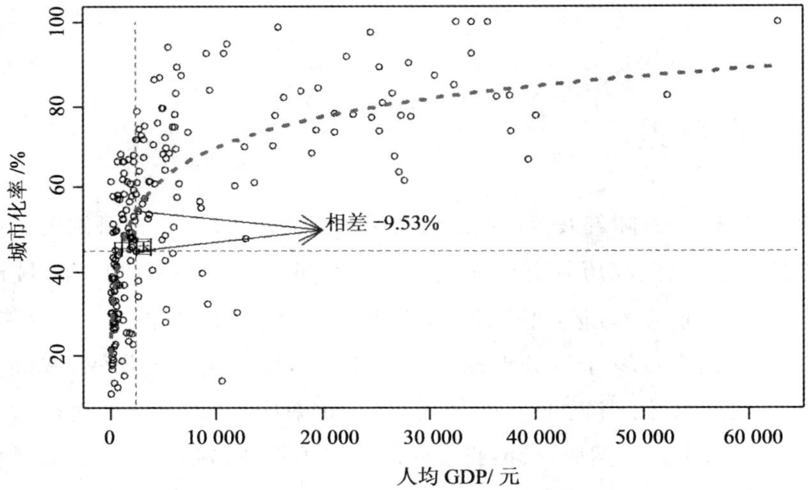

图 1-1　206 个国家人均 GDP 与城市化率(2010 年)

说明：①数据来源：世界银行网站；②图中人均 GDP 是以 2000 年为基期的美元可比价；③图形来源：詹鹏(2012)，“我国农村剩余劳动力存量转移量测算及其受产业结构的影响”，南京财经大学硕士毕业论文。

我国农村劳动力的流动引发了农民工住户调查覆盖、农民工住户归属以及农村居民的收入核算方式选择等问题，进而影响到城乡居民收入水平、城乡内部和之间的收入分配的精确估计和判断。一方面，长期以来，由于农村外出劳动力的流动性，以户籍为基础的官方城乡住户调查难以覆盖在城市外出务工的农民工住户，使得城乡收入水平和差距的统计出现偏差。此外，农民工住户的归属问题，即农民工住户到底属于城镇住户，还是农村住户，也是摆在住户调查统计面前的重要问题。另一方面，劳动力转移使农村“家庭”和“住户”的含义出现了比较大的差异，进而给农村居民人均收入核算实践带来了新的挑战，如农村居民收入核算究竟应该基于“家庭”还是基于“住户”？在核算人均收入时，他们当中哪些人应当计入家庭成员算作分子，哪些收入应当计入总收入算作分母？在实际核算过程中很可能出现不一致的核算方式。例如，对于被认定为常住人口的外出从业人员，有的农村住户将外出人员在外取得的全部收入计入住户总收入中，但有的农村住户只将其寄回、带回收入计入住户总收入中，而忽视了在城市消费或寄存的收入。农村收入核算方式的不一致可能导致到农村外出户和全部住户人均收入被低估，甚至引起对外出从业效应的误判。

城市化和城市体系优化是实现资源有效配置的重要方式，对于促进经济增长具有重要作用。我国经济增长取得了举世瞩目的成就，1979—2014 年 GDP 年均增长 9.7%，而人均 GDP 年均增长 8.6%，到 2014 年达到 46 629 亿元，已跻身于中等收入国家行列。城市化是推动我国经济高速增长的重要动力。城市人口集聚本身会产生集聚外部性，有助于提高劳动生产率和工资水平。首先，在城市集聚效应的作用下，农村外出劳动力从农村转向城市，从农业转向工业和服务业，从生产效率低的部门转向生产效率高的部门，实现了劳动力资源的优化配置。随着农村劳动力的流入，城市物质资本积累规模扩大。与此同时，农村外出劳动力通过学习在城市积累了价值高的经验，实现了自身人力资本水平的提高。其次，城市人口集聚促进了城市产业结构优化和技术进步。随着城市人口规模的扩大，劳动分工进一步得以增强，高新技术行业、高端服务业得以更快发展；随着人均收入水平的提高，对工业品和服务的数量、种类和品质需求将扩大，这反而会促进过程创新和产品创新，进而促进城市经济增长和城市居民收入提高。城市经济发展也通过集聚效应的扩散带动农村经济发展。

城市化和城市体系优化也会影响收入分配，如居民收入差距以及劳动收入占比等。就居民收入差距而言，从 1978—2007 年居民收入差距呈现出持续、快速扩大的趋势，但从 2008 年开始具有缩小的趋势。根据中国居民收入分配课题组(CHIP)的估计结果，中国居民基尼系数在 1988 年、1995 年、2002 年和 2007 年分别为 0.382、0.437、0.454 和 0.474，但是 2013 年降为 0.446，但仍在高位运行。而根据国家统计局的估计，中国基尼系数 2003—2007 年总体上不断扩大，但 2008 年之后逐步缩小。就要素收入分配而言，从 20 世纪 90 年代中期以来，我国劳动收入在国民收入所占比重呈现逐步下降的趋势。劳动报酬在 GDP 中所占比重从 1996 年的 53.4%下降到 2007 年的 39.7%。自 2008 年以来，劳动收入占比略有回升，但是到 2012 年也只有 45.6%，处于比较低的水平。一些研究发现，随着劳动力不断从农村流向城市、从欠发达地区流向发达地区，城乡之间或区域之间的收入差距将趋于缩小。劳动力的迁移和汇款行为对农村内部收入差距也会产生重要影响，而当劳动力，特别是低技能农村户籍劳动力逐步流入城市或东部发达地区，他们内部的收入差距会成为新的挑战。一些研究发现，“二元经济结构”背景下农村剩余劳动力的无限供给特征在一定程度上造成了劳动收入占比的下降。

劳动力的自由流动是实现合理的城市化水平和城市体系的重要前提。然而，当前农村土地制度以及户籍制度束缚了农村劳动力在城乡（或区域）之间和内部的流动，造成了空间分割的劳动力市场。这不仅抑制了经济增长潜能，而且不利于收入分配改善，使得城市化的成果不能惠及更多的劳动者。限制劳动力流动政策的目的在于使得城市偏向的公共财政利益不被人口和劳动力的流入所稀释。长期以来，中央政府的公共财政支出偏向于城市，特别是大城市。这些公共财政支出不仅用于基础设施建设，也用于公共服务和社会保障体系建设，使得城市，特别是大城市维持更高的经济发展水平。为了保障城镇当地居民的利益，当地政府通过户籍制度阻碍人口和劳动力的流入。然而已有研究发现，外来劳动力对城镇当地居民就业和工资的影响较小，甚至与当地居民是互补的。

本书以城市化和集聚效应理论为基础，旨在从理论和实证角度探讨城市化及其集聚效应对收入分配的影响。城市化会影响到收入核算方式以及收入分配统计吗？城市化会影响居民收入差距吗？城市集聚能提高包括农民工在内的城市工人的收入水平吗？等等。这些是本书将要回答的问题。

1.2 研究意义

1.2.1 有助于进一步规范居民住户调查和收入核算方式

居民住户调查及其收入核算对于研判居民收入增长和收入分配走势、制定相关经济政策至关重要。以农村居民收入核算为例，农村居民收入统计关系到农村住户收入水平和收入分配指标的核算，影响对农村收入增长、农村收入差距、城乡收入差距形势的研判。此外，许多面向农村的经济帮扶政策都以农村收入为参考，比如农村低保和扶贫政策等，这些政策的瞄准性和有效性依赖于农村住户收入核算的准确性。长期以来，我国城乡分开的住户调查存在着城乡划分范围不明确、城乡居民收入指标不统一、在城镇的农民工住户的覆盖率不高、农民工住户归属模糊以及农村外出从业收入核算不一致等问题。虽然2013年实施的城乡一体化住户调查规范了城乡划分范围、统一了城乡居民收入指标分类和统计标准，但是其他三个问题很可能依然存在。农村住户收入，特别是外出从业收入的核算并非易事。一方面，农村收入来源项目较多。农村居民收入不仅包括农业收入，还包括本地非农(工资性和经营性)收入和外出从业收入等。另一方面，大规模的农村劳动力流动冲击着传统的收入核算方式，特别是外出从业收入核算方式。农村劳动力转移使得对农村“家庭”和“住户”的理解不再一致，给农村居民收入核算带来了挑战，产生了诸如农村居民收入核算的基本单元是“家庭”还是基于“住户”等问题。核算过程中处理方式的不统一将导致农村收入统计出现偏差。为了规范和统一农村收入统计和核算，需要对核算过程中的实际处理方式及其对农村收入统计的影响进行深入研究。

1.2.2 有助于深入理解城市化的收入分配效应

农村移民迁移模式与城乡内部收入不平等、城乡之间的收入差距密切相关。以农村内部收入不平等为例，如果农村移民是农村居民的随机样本，在农村技能回报不变的条件下，农村人口收入不平等将不变。如果农村移民是正选择的，且不再与(或继续通过汇款与)农村保持联系，农村收入不平等就会降低(或上升)。相反，如果农村移民是负选择的，农村收入不平等会减少。然而，在不同的经济发展阶段，农村劳动力迁移模式并不相同。改革开放初期，相对富裕的或技能水平较高的农村常住户能承担外出成本，更可能派成员外出从业。随着经济发展水平的提高，低收入户积累的经济资源逐步增多，且外出网络逐渐扩大并降低外出成本，这使得更多的中等收入、甚至低收入户成员外出从业。在新的历史阶段，研究外出从业对农民收入增长的影响及其异质性，对于深入理解和验证外出从业作用机制、制定和实施进一步提高农民收入的公共政策提供经验依据。

发展中国家经济发展过程中的一个突出特征是二元经济结构下无限的农村剩余劳动力供给，其转换趋势也是影响劳动收入占比演变的重要因素。不少文献基于二元经济结构背景对劳动收入占比演变问题进行深入研究，但其忽视了微观主体的决策行为及他们之间经济行为的相互作用，即缺乏微观基础。然而，相对于发达国家，发展中国家劳动收入占比演变具有自身特征。对此，造成这一情形的可能因素在于微观层面。目前从微观层面来研究劳动收入占比演变的文献主要有两类：一类以劳资谈判能力作为切入点，另一类以劳动力异质性和企业异质性作为切入点。尽管如此，现有文献仍对二元经济结构转化重视不够。发展中国家经济发展的过程也是二元经济结构转化的过程，因此，以二元经济结构转化作为逻辑思路从微观层面入手可为劳动收入占比问题提供一个重要的研究视角和破解之策。

已有研究发现，中国的城市规模仍不足，大城市的集聚效应能够显著提高城市劳动生产率和工人工资。城市扩张带来更高的工资水平是劳动力流入的向心力，但其抬高的生活成本会成为劳动力流入的离心力。在经典的城市空间模型中，如果劳动力流动没有障碍，那么在空间均衡状态下不同规模城市相同农民工的（经过生活成本调整的）实际工资会相等。在我国，无论是农民工，还是城市当地工人，仍遇到不少流动性障碍，如交通和心理成本，户籍制度和城市体系安排等。这些劳动力流动的限制因素很可能会阻碍实际工资在不同城市均等化，使得大城市依然具有较高的实际工资水平。因此，考察包括农民工在内的城市工人的名义和实际工资与城市规模的关系，对于考察城市内部收入分配与城市集聚之间的关系具有重要意义。

1.2.3 为我国城市化战略选择提供决策依据

与世界同等发展水平的国家相比，我国的城市化程度并不高，甚至滞后。根据已有研究和本书结论，加速城市化进程能给促进经济增长、扩大居民收入水平、缩小居民收入差距、摆脱劳动收入占比下降趋势。目前加快城市化、提高城市化水平在学术界和政策层已经基本上成为共识，本书可为坚定加快城市化的重大决策提供更多的理论和经验支撑。

但是，城市化战略究竟以中小城市为主导，还是以大城市为主导，依然存在争议。支持后者的观点认为，大城市的人均资本更高，规模和集聚经济效益更强，进而更能吸纳劳动力就业和提高工资水平。支持前者的观点认为，大城市规模继续扩大会造成更拥挤的交通、造成更严重的环境污染、挤占更多的医疗和卫生等公共服务资源。一部分研究发现，受到户籍制度的制约，当前城市体系呈现“数量过多，规模不足”的问题。但也有研究发现，我国当前大城市的规模已经突破了最优规模水平。本书以包括农民工和城市工人工资和福利为视角，研究了城市集聚对其工资的潜在影响，以期为我国城市化的战略选择提供新的经验视角。

1.3 研究内容和技术路线

本书主要研究城市化及其集聚效应对收入分配的影响，主要内容覆盖城市化和城市体系演变历程，城市化对居民收入分配统计、农村收入分配、劳动收入占比、农民工和城市工人工资的影响，以及在此基础上对于加快城市化以及优化城市体系的政策建议等(图 1-2)。本书后续章节安排如下：

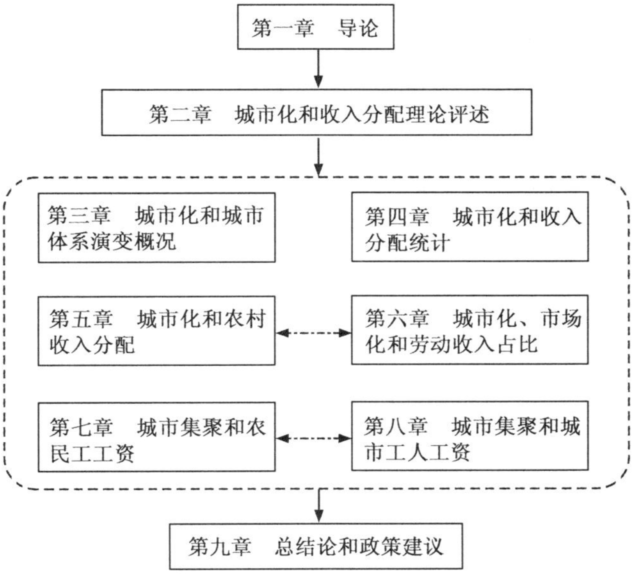

图 1-2 本书研究内容导图

第二章，城市化和收入分配理论评述。概述发展中国家城市化及集聚效应的理论基础，以及城市化对居民收入分配、劳动收入占比的影响机制。

第三章，城市化和城市体系演变概况。介绍城市的行政定义和统计定义，城市化和城市规模体系的演变历程，城市化建设的推进模式，以及制约城市化和城市人口集聚的户籍制度演变进程。

第四章，城市化和收入分配统计。分析劳动力大量流动的背景下外出从业收入的核算方式，以及不同的核算方式对农村收入水平和收入不平等估计的影响。

第五章，城市化和农村收入分配。考察新的经济发展阶段下农村劳动力外出从业模式，并在统一外出从业收入核算方式的基础上，估计外出从业对农村收入差距和农村贫困的影响。

第六章，城市化、市场化和劳动收入占比。将城市化与市场化纳入统一的微观模型框架来解析城市化、市场化对劳动收入占比演变影响的内在机理，在此基础上对理论假说进行检验。

第七章，城市集聚和农民工工资。实证分析农民工在不同规模城市的技能选择性，以及城市人口集聚效应对农民工名义和实际收入的影响。

第八章，城市集聚和城市工人工资。实证分析包括农民工在内的城市工人在不同规模城市的技能选择性，以及城市集聚对城市工人名义和实际收入的影响，以及城市集聚效应的技能异质性。

第九章，总结论和政策建议。基于前面的分析结果，给出本书的总结论，并提出促进城市化以及优化城市体系的政策建议。

2 城市化和收入分配理论评述

2.1 城市化的理论

文献中主要有四个经典的城市化理论，如刘易斯的剩余劳动力理论（Lewis，1954），兰尼斯和费景汉（Ranis 和 Fei，1961）的二元结构发展模型，哈里斯-托达罗模型（Todaro，1969；Harris 和 Todaro，1970），斯塔克的新迁移经济理论（Stark，1980，1982，1984）。前两个理论从农村剩余劳动力和城乡绝对工资差距进行分析，第三个理论从城乡预期收入差距进行研究，第四个理论从克服资金约束、分担农业风险以及回避相对剥夺感等家庭微观动机角度进行解释。

2.1.1 刘易斯的剩余劳动力理论

美国经济学家刘易斯将一国经济分为两个部门：一个是现代工业部门；另一个是存在剩余劳动力的传统农业部门。在传统农业部门中，劳动力相对于资本和土地过剩，以至于把一部分劳动力转移出去，农业产量也不会减少，即劳动力的边际产出为零，甚至为负。这部分可以转移出去但不改变农业产量的劳动力通常是隐形失业的劳动力，也叫剩余劳动力。虽然农业部门劳动的边际生产力为零，但是农业部门劳动力仍可获得可由道德和习惯决定的生存工资，即制度工资。在劳动力可以自由流动的条件下，由于现代部门的工资高于农业部门的制度工资，现代部门能在不变的工资水平下获得来无限供给的农村劳动力，直到现代部门的边际生产力等于工资水平。当现代部门利息或利润不断积累转化为资本或投资，或者外生技术进步发生时，劳动的边际生产力增加，对农村劳动力的需求会持续下去，直到现代部门将农村剩余劳动力全部吸收完。

需要指出的是，刘易斯的剩余劳动力理论还存在不足之处。刘易斯理论暗含的三个重要假设与发展中国家的情况并不一致：首先，刘易斯理论假定，发展中国家的劳动力是可以自由流动的。然而在一些发展中国家，特别是中国，类似户籍制度等制度性障碍的存在，从农村向城市的劳动力流动并不是自由的。其次，刘易斯理论假定，工业部门的技术是中性的，因而农村劳动力转移与资本积累是同步增长的。发展中国家的工业部门很多采用偏向资本密集型的技术，以致于工业部门的资本扩大并未带来就业机会的同步增长。最后，刘易斯理论暗示，发展中国家的农村存在大量隐性失业或剩余劳动力，而城市的就业是充分的。事实上，在许多发展中国家，由于农村人口过度涌入城市，失业已成为非常棘手的城市问题。

2.1.2 兰尼斯和费景汉的二元结构发展模型

兰尼斯和费景汉进一步发展了刘易斯的剩余劳动力理论，明确提出了二元结构发展模型。他们强调农业及其生产率对农村劳动力转移和现代非农部门的重要性。他们把农村劳动力向非农业部门转移和工农业的发展联系起来，并区分了经济发展的三个阶段：第一阶段，农业部门劳动力的边际生产力为零。在这一阶段，从农业部门转移出剩余劳动力并不会减少农业生产总量。由于仅能维持农业人口生存、由习惯和道德因素决定的不变制度工资远低于工业部门工资，工业部门不断吸收农业部门的剩余劳动力。第二阶段，农业部门的劳动边际生产力为正，但是仍低于制度工资。这时显性的劳动力失业已消失，但隐性的劳动力失业仍然存在，劳动力继续流向城镇工业部门。此时，农村劳动力的流失会引起农业总产量的减少，粮食短缺引起价格上涨，从而导致农业部门制度工资的增加，使得工业部门吸收农村劳动力的速度放缓。第三阶段，农村剩余劳动力已被吸收殆尽后的阶段。此时，农业和工业形成统一的劳动力市场，农业劳动力的工资已不再由习惯和道德力量决定，而是通过市场力量来形成。工业部门要吸收农业劳动力，必须支付较高的、由劳动边际生产力决定的工资。

相对于刘易斯模型，兰尼斯和费景汉特别关注了经济发展的第二阶段，强调了提高农业生产率的重要意义。如果在第二阶段发生粮食短缺，粮食价格就会上升，从而使得制度工资增加，不利于工业部门扩张。由此，他们提出工农业平衡增长战略，即在工业扩张的同时，要改进农业生产技术，提高农业产量，推动工业的可持续发展。学者们将经过兰尼斯和费景汉修正后的刘易斯模型亦称为刘易斯-兰尼斯-

费景汉模型。

2.1.3 哈里斯-托达罗模型

在刘易斯-兰尼斯-费景汉的劳动力迁移模型中，只要城市现代部门提供的工资高于农业部门的制度工资，农村劳动力就会不断地流入城市现代部门。然而，这个模型的假设与现实中发展中国家的实际情况还存在一定差距。在许多发展中国家，同农村一样，城市也存在着显性或隐性失业。哈里斯和托达罗建立了一个考虑城市失业率的城乡劳动力转移模型，补充了刘易斯-兰尼斯-费景汉模型。

哈里斯-托达罗模型指出，农村劳动力向城市转移的动力之一是城市部门的预期收入，而不是其实际收入。预期收入取决于两个因素：一是城市现代部门实际工资收入；二是农村劳动力在城市找到就业岗位的概率，而在城市获得工作机会的概率与城市的失业率成反比。只要在城乡预期收入差距超过劳动力转移成本，农村劳动力的转移决策就是合理的。

根据哈里斯-托达罗模型，发展中国家应重视农业和农村的发展，适当控制农村劳动力转移，缩小城乡之间的不平衡。该模型认为，增加城市少量的就业机会可能引来大量的农村劳动力流动，导致城市更多的失业，因此增加城市就业机会无助于解决城市失业问题；同样，如果政府干预城市工资水平的确定，特别是制订最低工资线，并且对城市失业人口给予最低生活补贴，引致更多的农村劳动力进入城市，使城市的失业率更高；如果政府控制农村劳动力向城市的流动，那么在一定程度上会改善社会整体福利。

哈里斯-托达罗模型是目前国内外解释劳动力转移现象最基本的模型，能够对乡-城劳动力流动和城市失业并存的现象做出合理的解释。然而，哈里斯-托达罗模型还存在不少缺陷，且他们根据该模型得出的政策主张在许多发展中国家应用时遇到了不少挑战。首先，该模型假定农业部门不存在剩余劳动，这是与许多发展中国家实际不符合的。其次，许多研究表明，城市失业与农村劳动力转移没有直接关系。实际上，城市的失业问题，往往与经济社会中存在的某些制度缺陷有关。最后，大多数国家的经济发展过程表明，城市经济部门所能创造的就业机会远高于农村经济部门，而且城市经济部门是吸收农村劳动力的重要场所，因而通过扩大农村就业机会来缓解城市就业压力的做法并非是最优的。

2.1.4 斯塔克的新迁移经济理论

传统理论假设迁移决策是由个人决定的，而斯塔克提出的新迁移理论强调家庭是迁移决策的主体。该理论认为，家庭根据预期收入最大化和风险最小化的原则，决定家庭成员的外出或迁移。该理论提出了影响家庭成员外出或迁移的三种动机假说。

第一种动机假说是“相对剥夺”。该假说认为，家庭成员迁移决策不仅受城乡之间的收入差距影响，还受到该家庭在农村的相对收入地位的影响。人们会将自己的收入与当地参照人群对比，由此产生相对剥夺或满足感。家庭成员会通过迁移来改变他相对于当地参照人群的收入地位，或者改变参照人群。如果一个人在农村感受到的相对剥夺感更强，他会更有动力迁移。

第二种动机假说是“风险转移”。农业日常生产和技术转变都面临着较大风险，而农村保险市场的不完全使得农村家庭无法借助外力来降低风险。在农村家庭风险厌恶态度下，农村家庭有动力依赖自身资源来降低风险。通过让家庭成员到城市务工，可以使得收入来源多元化，进而转移农业风险。

第三种动机假说是“资金约束”。对于发展中国家的农村家庭来说，扩大农业生产通常面临着技术、资金或信用约束。为了解决这些问题，农村家庭有动力派成员到城市务工，进而通过汇款解决资金约束问题，通过返乡就业解决技术和管理问题。虽然新迁移经济学尚未形成系统的理论模型，但其基本理论假说为发展中国家劳动力转移研究提供了新的思路和启发。

2.2 城市集聚效应理论

经典的城市化理论虽然认识到了城市劳动边际生产力或工资高于农村的现象，但是没有对城市生产率决定因素和机制做深入分析。这些理论通常假定资本存量的差异是城乡劳动生产率差别的主要原因，而未认识到城市人口集聚给城市所带来的生产率的提升。城市人口集聚可以引起规模报酬递增，进而提高生产率和工资水平。通常而言，城市集聚效应来自劳动力市场的匹配、中间投入和最终产品的混合以及知识溢出。Duranton 和 Puga(2004)将集聚效应微观基础分为三种类型:共享、匹配和学习。

共享机制包括共享不可分割的商品和设施,共享多样化带来的收益,共享劳动分工带来的收益和共担风险。首先,某些商品和设施具有不可分割性,或者具有非竞争性,如机场、道路、影院、水等。而这些商品和服务的提供通常伴随着较大的固定成本,因而随着城市人口规模的扩大,人均固定成本将下降,进而产生规模经济效应。其次,城市能够提供产业或部门所需的多样化的、有差别的中间投入,这会提高该产业或部门的生产率。再次,城市能够促进劳动分工,进而提高工人在某项工作的熟练程度、降低工作任务转换的成本、鼓励节约劳动方面的创新。最后,众多企业可以通过共享劳动力市场来降低市场风险。

匹配机制包括提高匹配质量、增加匹配机会以及减轻套牢问题。首先,给定企业的技能需求区间,企业间有动力相互竞争,降低雇主和雇员技能误配成本。随着城市劳动力规模扩大,市场上企业数量增幅低于劳动力规模增速,结果每个企业会雇佣更多的劳动力。由于企业固定生产成本的存在,劳均产出就会随之上升。其次,规模报酬递增的总和匹配函数意味着处于失业状态的工作搜寻者以及空缺职位数量的增加会导致工作匹配量的上升。在这个匹配函数下,城市规模的扩大能够减少工作搜寻成本,降低失业规模和空缺职位数量。即使生产函数是规模报酬不变的,这也会导致产出的增加幅度超过投入的增加幅度。最后,由于契约的不完全性以及关系专用性投资的存在,买卖双方,或者雇主雇员之间的双边关系会陷入套牢困境。当契约不完全且取决于事后重新商议,或者双边关系一方需要事前进行关系专用性投资的时候,投资者可能在重新商议阶段被另一方所套牢。对可能被套牢的预期会减少社会盈利性投资项目。但是城市可以提供大量的潜在合作者,使得双边关系下的套牢问题大幅减轻。

学习涉及人与人之间的接触,特别是面对面的接触。而城市将人们集聚在一起,提供了便于学习的机会。学习机制可以分为知识的产生、知识的扩散和知识的积累。首先,就知识的产生而言,多样化的城市环境有利于创新的搜寻和试验。其次,与城市具有高技能或知识的人的接触,可以促进知识的获取以及知识的扩散。最后,就知识的积累而言,城市的知识积累通过静态和动态外部性促进经济的可持续增长。

2.3 城市化和收入分配

2.3.1 城市化和收入不平等

如果劳动者的工资水平是由技能(教育、经验以及未观测的技能等)水平唯一决定的,那么劳动者的工资不平等一方面取决于技能本身的不平等,另一方面取决于技能溢价或回报。下面我们进一步地说明这一点。记人力资本为 h,那么与人力资本对应的工资水平为 $w_i(h)$,其中,i 表示城市。如果第 i 个城市人力资本的密度和分布函数分别为 $g_i(h)$ 和 $G_i(h)$,则该城市收入的密度和分布函数是 $g_i[w_i^{-1}(y)]$ 和 $G_i[w_i^{-1}(y)]$。假定技能水平 h_i 服从对数正态分布,即 $\text{Log}(h_i)\sim N(\mu_i,\sigma_i^2)$,则技能变异系数和方差分别为 $\sqrt{e^{\sigma_i^2}-1}$ 和 $2N(\sigma_i/\sqrt{2})-1$。如果工资决定方程是 $\text{Log}[w_i(h)]=\alpha_i+\beta_i\text{Log}(h_i)$,其中 β_i 为技能溢价,则工资收入的变异系数为 $\sqrt{e^{(\beta_i\sigma_i)^2}-1}$,基尼系数为 $2N(\beta_i\sigma_i/\sqrt{2})-1$。因此可见,工资收入的不平等与技能本身的不平等以及技能溢价成正比。

城市化对收入差距的影响,分别通过对技能不平等以及技能溢价来起作用。城市化对收入差距的影响方向和大小,在很大程度上取决于迁移劳动力的技能特征以及迁移模式。由于城市化不会改变全国总体技能不平等,因而城市化对全国收入差距的影响,决定于城市化如何改变全国平均技能回报。通常而言,由于城市集聚经济的技能偏向性,城市的技能回报高于农村。假定不考虑城市化对城乡技能回报的影响,如果农村移民是随机地从农村人口中抽取的,那么全国平均技能溢价将不会改变,此时城市化对全国收入差距没有影响。如果农村移民是由高技能的人组成(即“正选择”),那么全国平均技能溢价就会上升,而全国收入差距也会相应地增加。如果农村移民是由低技能的人组成(即“负选择”),那么全国平均技能溢价就会下降,而全国收入差距也会相应地减少。

同样,农村移民迁移模式与城乡内部收入不平等、城乡之间的收入差距密切相关。如果农村移民是农村居民的随机样本,在农村技能回报不变的条件下,农村人口收入不平等将不变。如果农村移民是正选择的,且不再与(或继续通过汇款与)农村保持联系,农村收入不平等就会降低(或上升)。相反,如果农村移民是负选择的，农村收入不平等会减少。农村移民迁移模式对城市内部收入差距也会产生影响。农村移民的平均技能水平一般低于城市当地居民，如果农村移民是显著负选择的，或者即使是正选择的，但是其技能水平明显地落在城市居民技能分布左下端，那么在城市技能回报不变的条件下，城市居民内部收入不平等将扩大。对于城乡收入差距而言，倘若农村移民是正选择的，且不再与农村保持联系，那么城乡收入差距就很可能增加。但假如农村移民是负选择的，城乡收入差距有可能缩小。

农村移民在不同规模城市的迁移模式也会影响城乡收入分配，特别是城市内部收入不平等。一方面，城市集聚效应具有（观测或不可观测）技能偏向性。相对于低技能劳动力而言，高技能劳动力的回报更高。更多的高技能劳动向大城市的迁移能够提高大城市内部的工资不平等，甚至全国工资不平等。就美国而言，已有研究发现，大城市工资不平等的快速上升能够解释美国 1980 年以来至少 1/3 的工资不平等增加（Baum-Snow 和 Pavan，2013），而大城市集聚效应的技能偏向性至少导致了美国 1980 年以来至少 20％的工资不平等扩大（Baum-Snow，Freedman 和 Pavan，2014）。另一方面，大城市能同时吸引处在技能分布高端和低端的劳动力，这意味着大城市具有较高的技能不平等程度（Eeckhout，Pinheiro 和 Schmidheiny，2013）。大城市较高的技能溢价以及技能不平等使得其工资不平等更大。

在不同的经济发展阶段，农村劳动力迁移模式并不相同。理论上，财富的跨期积累（Shen，Docquier 和 Rapoport，2010）和外出网络的动态变化（Mckenzie 和 Rapoport，2007）使得农村劳动力外出模式呈现出阶段性特征。而对我国而言，改革开放初期，虽然低收入农村常住户有更强的外出动机，但由于经济资源偏少、外出成本较高，无法外出从业或者外出人数较少。但相对富裕的或技能水平较高的农村常住户能承担外出成本，更可能派成员外出从业。此时，农村移民迁移是正选择的。随着发展阶段的推进，低收入户积累的经济资源逐步增多，外出网络逐渐扩大并降低外出成本，从而使得更多的中等收入、甚至低收入农村居民外出，并从中获得更高的收入。因而，农村移民迁移趋向于中间选择，甚至负选择。由于我国地区间的发展水平存在巨大差异，这种迁移模式的阶段性特征也能在空间上得以体现。

2.3.2 城市化与劳动收入占比

从 20 世纪 90 年代中期到 2008 年，我国劳动收入占比呈现持续下降趋势。这种下降趋势与我国特殊的二元经济结构下的城市化阶段是密不可分的(陈宗胜和宗振利,2014)。前面所述的刘易斯-兰尼斯-费景汉模型根据现代工业部门劳动供给斜率划分出三个城市化阶段,而劳动收入占比在二元经济向一元经济的转换过程中呈现"U"型趋势。具体而言表现如下:

第一阶段,现代工业部门的劳动供给曲线为水平的阶段。在这个阶段,农业部门劳动边际生产力为零,有大量的农村剩余劳动力。在仅能维持农业人口生存下去、由习惯和道德因素决定的不变制度工资下,工业部门不断吸收农业部门的剩余劳动力。由于农业和工业部门劳动者的工资不变,工业部门投资或资本积累所带来的劳动生产率提高只会带来产出和资本收入的增加,结果全社会的劳动收入占比总体上表现出下降的趋势。

第二阶段,现代工业部门的劳动供给曲线开始向右上方上升的阶段。在这个阶段,劳动边际生产力为正,但是仍低于制度工资。农村劳动力的转移会引起农业总产量的减少,粮食短缺引起价格上涨,带动工业部门工资水平的上涨。此时,虽然劳动收入占比继续减少,但是降幅逐步下降。当工业部门工资增长率赶上总产出增长率时,劳动收入占比达到最低点。

第三阶段,现代工业部门的劳动供给曲线快速上升的阶段。在这个阶段,农村剩余劳动力已被吸收完,农业和工业形成统一的劳动力市场。工业部门要吸收更多农业劳动力,必须将工资提高到劳动边际生产力决定的工资水平。由于劳动力的需求增长快于供给增长,工资水平快速上升,甚至超过总产出增长率,导致劳动收入占比表现出上升的趋势。

2.4 小结

本章概述了四种经典城市化理论:刘易斯的剩余劳动力理论,兰尼斯和费景汉的二元结构发展理论,哈里斯-托达罗模型,斯塔克的新迁移经济理论。这四个理论从剩余劳动力、(预期)城乡收入差距、家庭微观动机等角度对城市化现象及其阶段性特征进行了解释。然而这些理论在解释城市工资形成机制时,将城市工资决定归结为由资本积累所带来的较高的劳动生产率,而忽视了城市集聚对生产率的贡献,因此本章也梳理了城市集聚提升生产率和工资的三个微观机制,即共享、匹配和学习。在此基础上，从理论上探讨了“二元经济”背景下随着城市化的推进，居民收入差距所呈现的倒“U”型规律、劳动收入占比所呈现的“U”型趋势。

本章只是概述了城市化与收入分配的相关重要理论，未来可以朝三个方向进行拓展和深化。第一，使用更严谨的经济学语言，即数理模型，使得对城市化的形成机制及其对收入分配的影响的阐述更加条理化、逻辑化和明了化。第二，借鉴新经济地理和城市经济理论，进一步探讨城市相对农村的工资溢价或城乡收入差距的原因。第三，对检验城市化与收入分配相关理论假说的实证研究进行综述。

3 城市化和城市体系演变概况

3.1 中国城市的定义

3.1.1 城市的行政区划

从理论上讲，现在中华人民共和国大陆地区的行政区划基本上按照省、县、乡三级进行管理。然而中国大陆现行的行政管理体制实际上也借鉴了新中国成立前中华民国政府管理方式。除直辖市和特别行政区外，省、自治区的行政区划还包括地市（地级市、地区、自治州和盟，含副省级城市）、县（市辖区、县级市、县、自治县、旗、自治旗、特区和林区，含副地司级行政区域）和乡（区公所、街道、镇、乡、民族乡、苏木和民族苏木，含副县级行政区域）三级，因而大陆行政区划实际上分为省、地、县和乡四级管理。在乡级管理体制以下还有居民（社区）委员会和村民委员会，其中，前者是城镇居民自治组织，后者是农村居民自治组织。这两个组织并不是一级政权组织，而是在区县或乡镇人民政府指导下的基层群众自治组织。

根据陈剩勇、张丙宣（2009），从中华人民共和国成立至改革开放前，中国大陆行政区划的变迁或调整大致可分为三个阶段。第一阶段是1949—1954年，地方实行大行政区-省-县-乡四级制。1948年，中央设立东北、华北、西北、华东、中南、西南6大行政区，分别管辖各省区（含行署区）；省下设专区；专区下设县。但是1952年后，为了强化中央集权，大行政区只作为中央的派出机构，不再是一级政区。行署（或专区）、区公所为省和县的派出机构而存在。第二阶段是1955—1966年，地方实行省-县-乡（人民公社）三级制。这在1954年颁布的《宪法》和《地方政府组织法》得以确认。为了强化中央集权，1954年撤销了大行政区建制。虽然省的数量未变，但是县的数量大幅变动，不少县撤并之后又被拆分。1958年将乡镇改为人民公社。行署和区公所继续存在，作为市辖区的准层次的街道开始出现。第三阶段为1967—1977年，地方实行省-地区(市)-县-人民公社四级制。省、县的数量变化不大，但是行署从省的派出机构变为一级正式政府。1967年，行署建立革命委员会，并改为地区。根据1975年的宪法，地方各级革命委员会是地方各级人民政府。也就是说，地区正式成为一级政府。此时，街道也由派出机构变正式变为一级政府。人民公社实行三级所有、队为基础的政社合一的体制。

改革开放以后，中国的地方行政层级是三级(省-县-乡镇)与四级(省-市-县-乡镇)并行。1954年以后，除了1988年将海南从广东省划出成立海南省，以及1997年将重庆从四川省划出成立重庆(直辖)市外，省级行政区未发生过较大的调整。改革开放以后的地方行政区划改革主要集中在市、县、乡镇之间，主要改革包括：①废除人民公社、恢复乡镇建制、合并乡镇。1982年《宪法》和1983年国务院《关于实行政社分开建立乡政府的通知》废除了人民公社、恢复了乡镇建制。②减少准层级。地区和区公所是减少的对象。1979年修订的《宪法》取消了地区作为"文革"期间一级政府的地位，将其改为省的派出机构。从1979年起，地区数量不断减少。乡镇政府在刚恢复的时候，规模普遍较小。为了管理乡，县通常设立区公所。但是随着乡的合并、撤乡改镇以及1986年中央规定县以下行政单位不再设区，区公所的数量不断减少。③实施市管县体制。从20世纪80年代开始，国家试图通过推行市管县体制，通过经济较为发达的"市"带动周边"县"的农村经济发展，由此建制市逐渐成为介于省与县之间的一级政府。如表3-1所示，截至2014年底，全国地级市总数达到288个，占地级行政单位的86.5%，从而市管县体制成为现阶段地方政府层级结构主流。④推进城市建制。随着市场化、工业化和城市化的推进，城市的作用在经济发展中的作用愈发重要。改革开放后，国家积极推进城市建制。城市建制除了包括地级市外，还包括副省级城市(省会城市和计划单列市)、县级市、市辖区和街道的建制。

表3-1　1949年、1978年、2000年和2014年中国行政区划表

行政区	2014年
省级	共34个，其中，4个直辖市，23个省，5个自治区，2个特别行政区
地级(含副省级)	共333个，其中，288个地级市，12个地区，30个自治州，3个盟
县级	共2 854个，其中，897个市辖区，361个县级市，1 425个县，117个自治县，49个旗，3个自治旗，个特区，1个林区
乡级	共40 381个，其中，2个区公所，20 401个镇，11 111个乡，151个苏木，1 019个民族乡，1个民族苏木，7 696个街道

续表 3-1

行政区	2000 年
省级	共 34 个,其中,4 个直辖市,23 个省,5 个自治区,2 个特别行政区
地级(含副省级)	共 333 个,其中,259 个地级市,37 个地区,30 个自治州,7 个盟
县级	共 2 861 个,其中,787 个市辖区,400 个县级市,1 503 个县,116 个自治县,49 个旗,3 个自治旗,1 个特区,1 个林区
乡级	共 50 769 个,其中,20 312 个镇,23 199 个乡,1 356 个民族乡,5 902 个街道
行政区	1978 年
省级	共 30 个,22 省,5 自治区、3 直辖市
地级	共 211 个,173 地区、7 盟、29 自治州、1 行政区
县级	共 2 138 个,2 011 县、65 自治县、53 旗、3 自治旗、3 特区,2 山,1 镇
行政区	1949 年
大行政区	共 6 个,其中,东北、华北、西北、华东、西南、中南
省级	共 50 个,其中,30 省,1 自治区、12 直辖市、5 行署区、1 地方、1 地区
地级	共 215 个,其中,185 专区、8 盟、12 分区、4 行政区、3 行署、1 矿区、1 特区、1 临时行政委员会
县级	共 2180 个,其中,2068 县、58 旗、22 设治局、3 特区、7 办事处、16 镇、1 矿区、2 工矿区、2 中心区、1 管理局

注:副省级市有沈阳、大连、哈尔滨、南京、杭州、宁波、厦门、济南、青岛、武汉、广州、深圳、成都、西安、其中大连、宁波、厦门、青岛和深圳是计划单列市;直筒子市有中山、东莞、三亚和嘉峪关。

2014 年中国行政区划信息来源,http://www.mca.gov.cn/article/zwgk/mzyw/201506/20150600832371.shtml;

2000 年中国行政区划信息来源,http://www.xzqh.org/old/yange/2000.htm;

1978 年中国行政区划信息来源,http://www.xzqh.org/old/yange/1978.htm#tj;

1949 年中国行政区划信息来源,http://www.xzqh.org/old/yange/1949.htm。

我国的城市统计资料基本上以城市行政区划为基本单位来统计的。在我国城市统计年鉴中,覆盖的城市包括直辖市、地级市和县级市,其中直辖市或地级市通常包括市辖区、县和县级市。随着整体行政区划的调整,我国城市和镇的数量也在发生改变。从表 3-2 可知,首先,新中国成立以来,我国直辖市数量相对稳定。1949 年中国大陆有 12 个直辖市。1950 年旅大行署区设为旅大市(直辖市),1952 年南京市设为江苏省省会。1953 年哈尔滨、长春设为直辖市,1954 年沈阳、旅大等 12 个直辖市降格为省辖市,直辖市数量减少到 3 个。1997 年,重庆市脱离四川省成为直辖市，自此直辖市数量变为4个。其次，地级市数量一直呈现上升态势，2003年以来基本稳定。1954—1974年，地级市数量基本保持在80个上下，此后缓慢增加，直到1984年上升到一个新台阶后又平缓增加，2003年后基本上保持稳定。再次，县级市的数量呈现出倒“U”型趋势。改革开放之前，县级市总体上缓慢增长，从1949年的61个增加1978的91个；1978年之后，我国1983年开始“设市撤县”工作，尽管于1986年和1993年提高了设市标准，但是县级市数量总体上加速增加，到1997年已上升到442个；此后，随着“设市撤县”工作的冻结以及县级市的升级，县级市数量逐年小幅下降，到2014年降为361个。最后，1982年前镇的数量缓慢上升，随着1984年我国放宽了设镇的标准，镇的数量加速增加；但是，到了2002年，我国暂停了“撤乡设镇”工作，自此镇的数量呈趋缓之势。

表3-2 新中国成立以来主要年份城镇数量

年份	直辖市	地级市	市辖区	县级市	城市	镇
1949	12	56	394	61	129	
1954	3	82	471	80	165	
1961	3	80	126	312	395	
1970	3	79	95	342	424	
1978	3	99	408	91	193	2 176
1979	3	104	520	109	216	2 361
1980	3	107	511	113	223	
1981	3	110	581	113	226	2 678
1982	3	109	527	133	245	
1983	3	137	599	141	281	2 968
1984	3	148	595	149	300	7 186
1985	3	162	620	159	324	9 140
1986	3	166	629	184	353	10 718
1990	3	185	651	279	467	12 084
1993	3	196	669	371	570	15 805
1994	3	206	697	413	622	16 702
1995	3	210	706	427	640	17 532
1996	3	218	717	445	666	18 171
1997	4	222	727	442	668	18 925

续表 3-2

年份	直辖市	地级市	市辖区	县级市	城市	镇
1998	4	227	737	437	668	19 216
1999	4	236	749	427	667	19 756
2000	4	259	787	400	663	20 312
2001	4	265	808	393	662	20 374
2002	4	275	830	381	660	20 601
2003	4	282	845	374	660	20 226
2004	4	283	852	374	661	19 883
2005	4	283	852	374	661	19 522
2010	4	283	853	370	657	19 410
2014	4	288	897	361	653	20 401

资料来源:《新中国 60 周年统计资料汇编》以及相应年份的《中国统计年鉴》。

注:1949 年,中国大陆有 12 个直辖市:北京、天津、上海、南京、西安、重庆、广州、武汉(汉口)、沈阳、鞍山、抚顺和本溪。1950 年,旅大行署区设为旅大市(直辖市),1952 年,南京直辖市与江苏省合并,设为省会。1953 年,哈尔滨、长春市设为直辖市,直辖市数量增加到 14 个。1954 年,沈阳、旅大、鞍山、抚顺、本溪、长春、哈尔滨、西安、武汉、重庆、广州降格为省辖市(地级),直辖市数量减少到 3 个。

表 3-3　行政上设置市镇标准的变化

年份	文件	行政上设立市镇的标准
1955	《国务院关于设置市、镇建制的规定》	(1)关于市的建制:聚居人口在 10 万人以上的城镇,不足 10 万人的,必须是重要工矿基地、省级地方国家机关所在地、规模较大的物资集散或边远地区的重要城镇,且确有必要;工矿基地,规模较大、聚居人口较多,由省领导的,可设置市的建制。人口在 20 万以上的市,如有设区必要,可以设市辖区,否则不应设市辖区。 (2)关于镇的建制:县级及县以上地方机关所在地;人口在 2 000 人以上、有相当数量工商业居民,且确有必要;不足 2 000 人但有工商业聚集的少数民族聚集点;由县领导且有一定规模的工矿基地
1963	《中共中央、国务院关于调整市镇建制、缩小城市郊区的指示》	(1)关于市的建制:缩小郊区以后,仍能达到 1955 年规定要求的人口聚集点,且市总人口(市区人口加郊区人口)中农业人口所占的比重一般不超过 20%; (2)关于镇的建制:工商业和手工业相当集中、聚居人口在 3 000 人以上,其中非农业人口占 70%以上,或者聚居人口在 2 500 人以上不足 3 000,其中非农业人口占 85%以上,确有必要由县级国家机关领导的地方;少数民族地区的工商业和手工业集中地,聚居人口虽然不足 3 000,或者非农业人口不足 70%,但是确有必要由县级国家机关领导的;农村人民公社领导的集镇,即使符合设镇的人口条件,也不要设置镇的建制

续表 3-3

年份	文件	行政上设立市镇的标准
1984	《国务院批转民政部关于调整建镇标准的报告通知》	关于镇的建制：凡县级地方国家机关所在地；总人口在 20 000 以下的乡，乡政府驻地非农业人口超过 2 000 的，可以建镇；总人口在 20 000 以上的乡，乡政府驻地非农业人口占全乡人口 10%以上的；少数民族地区、人口稀少的边远地区、山区和小型工矿区、小港口、风景旅游、边境口岸等地，非农业人口虽不足 2 000，且确有必要；凡具备建镇条件的乡，撤乡建镇后，实行镇管村的体制，暂时不具备设镇条件的集镇，应在乡人民政府中配备专人加以管理
1986	《民政部关于调整设市标准和市领导县条件的报告》	(1)关于市的建制：非农业人口 6 万人以上，年国民生产总值 2 亿元以上，已成为该地经济中心的镇，可以设置市的建制。少数民族地区和边远地区的重要城镇，重要工矿科研基地，著名风景名胜区，交通枢纽，边境口岸，虽然非农业人口不足 6 万、年国民生产总值不足 2 亿元，如确有必要，也可设置市的建制。 总人口 50 万以下的县，县人民政府驻地所在镇的非农业人口 10 万人以上、常住人口中农业人口不超过 40%、年国民生产总值三亿元以上，可以设市撤县。总人口 50 万以上的县，县人民政府驻地所在镇的非农业人口一般在 12 万人以上、年国民生产总值 4 亿元以上，可以设市撤县。自治州人民政府或地区(盟)行政公署驻地所在镇，非农业人口虽然不足 10 万、年国民生产总值不足 3 亿元，如确有必要，也可以设市撤县。 (2)关于市领导县：市区非农业人口 25 万以上、年国民生产总值 10 亿元以上的中等城市(即设区的市)，已成为该地区政治、经济和科学、文化中心，并对周围各县有较强的辐射力和吸引力，可实行市领导县的体制
1993	《国务院批转民政部关于调整设市标准报告的通知》	(1)关于县级市的建制：县人口密度为每平方千米 400 人以上，县人民政府驻地所在镇从事非农产业的人口不低于 12 万人，县总人口中从事非农产业的人口不低于 30%，并不少于 15 万人，各项经济和城建指标满足一定条件即可设市撤县；县人口密度为每平方千米 100～400 人县人民政府驻地镇从事非农产业的人口不低于 10 万人，县总人口中从事非农产业的人口不低于 25%，并不少 12 万人，各项经济和城建指标满足一定条件即可设市撤县；人口密度为每平方千米人口 100 人以下，县人民政府驻地镇从事非农产业的人口不低于 8 万人，县总人口中从事非农产业的人口不低于 20%，并不少于 10 万，各项经济和城建指标满足一定条件即可设市撤县 (2)关于地级市的建制：市区从事非农产业的人口 25 万人以上，其中市政府驻地具有非农业户口的从事非农产业的人口 20 万人以上；工农业总产值 30 亿元以上，其中工业产值占 80%以上；国内生产总值在 25 亿元以上；第三产业发达，产值超过第一产业，在国内生产总值中的比例达 35%以上；地方本级预算内财政收入 2 亿元以上，已成为若干市县范围内中心城市的县级市，方可升格为地级市

3.1.2 城市的统计区划

中国的城市,本身是一个行政单位。目前,许多中国地级及以上城市的行政区,在市管县的体制下大都包括广泛的地域,行政上可分为市辖区、县和县级市。在形态功能上,城市的行政区包含了城市核心区(高密度建成区)、人口密度较低的郊区,及大片散布着城镇、村庄的农村地区。由于这些城市行政区面积很大,它们应更贴切地称为"地区",而不是"城区"。在通常的城市研究中,由于直辖市或地级市市辖区的非农人口比重较大,非农产业发展水平较高,通常被认为是"城市实体",而县级市由于非农人口和非农产业比重不高,其整体不作为"城市实体",只有较小的城区才作为"城市实体"。

然而,即便是更接近于"城市实体"的"市区",特别是远离市中心的区,不仅包括具有"城市实体"特征的街道以及"镇实体"特征的镇外,仍然包含不少乡村及从事农业的人口。要得到出统计上真正的城镇人口,要根据城镇的特征来甄别"城镇统计区"(Urban Statistical Area),排除农村部分。"城镇统计区"是一个统计的概念,与行政上划分的市辖区不同。在"城镇统计区"人口可被视为城市中的真正的城市人口部分。大部分的"城镇统计区"是在"市区"内,但也有在"市区"以外,特别是县或县级市人民政府所在区域。目前为止最完善的"城镇统计区"划分是基于国家统计局2008年颁布的《统计上划分城乡的规定》。该规定以民政部确认的居民委员会和村民委员会辖区为划分对象,以实际建设为划分依据,将我国的地域划分为城镇和乡村。

在不同年份,国家统计局给出的统计上的城镇定义和范围是不同的。新中国成立以后,国家已数次颁布过统计上划分城乡的标准,具体见表3-4。最终的统计上的城镇范围既取决于行政上设置市镇的标准,又决定于统计上划分城乡的标准。1955年以前,我国还没有统一的城乡划分标准,统计上的城镇范围一般包括市的市区,县城的城关,二三千人以上工商业比较发达的集镇,以及工矿区和森林作业区等。根据表3-3和表3-4,1955年我国公布了第一个关于设置市镇建制和城乡划分标准的规定,按规定统计上的城镇范围基本上为常住人口在2 000人以上、非农业人口占50%的建制市镇。1963年我国发布调整了市镇建制、缩小市郊区的指示规定,统计上的城镇范围基本上随后改为3 000人以上、非工业人口占70%的建制市镇。1984 年国家放松了建镇标准，允许总人口在 20 000 人以下、乡政府驻地非农业人口超过 2 000 的乡，以及总人口在 20 000 人以下、乡政府驻地非农业人口占比在 10%以上的乡可以建镇。1986 年，国家也放松了建市标准，对于人口为 50 万以下的县，不再要求非农业人口比重在 80%以上，而允许其达到 60%便可。再加上有些地区实行市管县，导致不少有大片农村的镇和市计入统计上的城镇范围，人为地提高了市镇行政区域的城市化水平。为此，1990 年第四次人口普查将城镇范围收紧，将不设区的市所辖乡区域和所辖镇的村民委员会，以及县辖镇的村民委员会从原来的市镇区域口径中剔除。1993 年国家规范并提高了建制市标准，1999 年新的城乡划定标准在第四次人口普查的城镇范围基础上，剔除了人口密度在 1 500 人/千米^2 以下的市辖区城区建设所不能延伸到的镇乡，并引入了不设区的市和镇政府驻地所能延伸的镇乡或村民委员会。2006 年和 2008 年出台的城乡划定标准则进一步将所有市辖区（无论 1 500 人/千米^2 以上或以下）城区建设所不能延伸到的村民委员会都剔除掉。基于 2008 年标准的城镇范围内的人口统计与国际主流标准具有了较高的可比性。

表 3-4　统计上划分城乡标准的变化

年份	文件	统计上划为城镇的标准
1955	《国务院关于城乡划分标准的规定》	(1)城镇：设置市人民委员会的地区和县（旗）以上人民委员会所在地；常住人口有 2 000 人以上，居民 50%以上是非农业人口的居民区；工矿企业、铁路站、工商中心、交通要口、中等以上学校、科学研究机关的所在地和职工住宅区等，常住人口虽然不足 2 000 人，但是在 1 000 人以上，而且非农业人口超过 75%的地区；具有疗养条件，而且每年来疗养或休息的人数超过当地常住人口 50%的疗养区； (2)城镇可以再区分为城市和集镇。凡中央直辖市、省辖市都列为城市，常住人口在 20 000 人以上的县以上人民委员会所在地和工商业地区也可以列为城市，其他地区都列为集镇
1990	《第四次人口普查》	(1)第一口径：市指市管辖区域（含市辖镇，不含市辖县），镇指县辖镇区域（不含市辖镇）； (2)第二口径：市指设区的市所辖区和不设区的市所辖街道，镇指不设区的是所辖镇的居民委员会和县辖镇的居民委员会

续表 3-4

年份	文件	统计上划为城镇的标准
1999	《关于统计上划分城乡的规定》	(1)城区:人口密度在 1 500 人/千米^2 及以上的市辖区行政区;人口密度不足 1 500 人/千米^2 的市辖区人民政府驻地,区辖其他街道办事处地域或城区建设延伸到的镇乡;不设区市政府和市辖街道办事地域以及城区处延伸到的周边建制镇(乡)的全部行政区域; (2)镇区:镇人民政府驻地和镇辖的其他居委会地域;镇人民政府驻地和城区建设已延伸到周边村民委员会
2006	《关于统计上划分城乡的暂行规定》	(1)城区:市辖区和不设区的市的街道办事处所辖的居民委员会地域;城市公共设施、居住设施等连接到的其他居民委员会地域和村民委员会地域; (2)镇区:镇所辖的居民委员会地域;镇的公共设施、居住设施等连接到的村民委员会地域;常住人口在 3000 人以上独立的工矿区、开发区、科研单位、大专院校、农场、林场等特殊区域
2008	《统计上划分城乡的规定》	(1)城区:在市辖区和不设区的市,区、市政府驻地的实际建设连接到的居民委员会和其他区域; (2)镇区:在城区以外的县人民政府驻地和其他镇,政府驻地的实际建设连接到的居民委员会和其他区域;与政府驻地的实际建设不连接,且常住人口在 3000 人以上的独立的工矿区、开发区、科研单位、大专院校等特殊区域及农场、林场的场部驻地

建立在统计上的城镇范围的居民人口是衡量城市化和城市规模的重要指标。如表 3-5 所示,除了 1964 年的第二次人口普查,历年的人口普查中的城镇人口都指城镇范围内的总人口。在我国,总人口的测算通常有两种口径:常住人口和户籍人口。1981 年及以前的人口统计使用的是户籍人口口径。从 1982 年第四次全国人口普查开始,我国人口统计就开始使用常住人口口径,常住人口的时间和空间标准分别为,一年及以上和县(市、区)级。1995 年 1%人口抽样调查和 2000 年第五次全国人口普查,对常住人口标准作了调整,将时间标准从一年缩短为半年,将空间标准从县(市、区)缩小到乡(镇、街道)。根据 2010 年第六次人口普查,目前常住人口主要包括:居住在本乡(镇、街道)且户口在本乡(镇、街道)或户口待定的人;居住在本乡(镇、街道)且离开户口登记地所在的乡(镇、街道)半年以上的人;户口在

本乡(镇、街道)且外出不满半年或在境外工作学习的人。[①]

表 3-5 不同年份人口普查关于城市和镇人口的统计标准

人口普查	城市和镇人口统计标准	估计偏误情况
一普(1953 年)	习惯称谓上的市镇的总人口	稍偏大,含较小比例的农业人口
二普(1964 年)	1963 年设置市镇建制标准规定的城镇范围的非农业人口	稍偏小,未包含全部的城区人口
三普(1982 年)	1963 年设置市镇建制标准规定的城镇范围总人口	稍偏大,含较小比例的农业人口
四普(1990 年)	1984 年建镇和 1986 年建市标准+1990 年第二口径市镇的总人口	设区的市是偏大估计 不设区的市是偏小估计
五普(2000 年)	1984 建镇和 1986 年建市标准+1999 年城乡划分标准规定的城镇范围人口	基本无偏误
六普(2010 年)	1984 建镇和 1993 年建市标准+2008 年城乡划分标准规定的城镇范围人口	无偏误

资料来源:余吉祥等(2013);估计偏误是相对"城镇统计区",或"六普""城镇人口"统计标准而言的。

3.1.3 城市体系的分类

城市体系通常是由不同特征的各城市组成。对于城市体系,可以从行政级别和城市规模等视角进行划分。按照行政级别,城市体系由省级市、副省级市(含计划单列市)、厅级城市(一般地级市)和处级城市(县级市)组成。处于不同行政管理层次的城市的正职领导的行政级别是差异的,具体见表 3-6。例如,四大直辖市是省部级,计划单列市是副省级,普通地级市是厅局级正职,县级市是处级。通常而言,行政级别高的城市在权限设置(如立法、行政、经济和社会管理等方面的权限)、资源配置(能够从上级政府获得更多的资源和便利)和制度安排拥有更强的优势,

① 需要指出的是,国家统计局城乡住户调查方案中的"常住人口"概念与人口普查中的"常住人口"概念并不完全一致。以农村常住人口的定义为例,在 2013 年之前的住户调查方案中,除了考虑时间和空间限制外,还考虑到与家庭的经济和生活上的联系。农村常住人口指全年经常在家或在家居住 6 个月以上,而且经济和生活与本户连成一体的人口。外出从业人员在外居住时间虽然在 6 个月以上,但收入主要带回家中,经济与本户连为一体,仍视为家庭常住人口。其中,农村家庭或住户指长期(一年以上)居住在乡镇(不包括城关镇)行政管理区域内的住户,以及长期居住在城关镇所辖行政村范围内的农村住户;户口不在本地而在本地居住一年及以上的住户也包括在本地农村常住户范围内;有本地户口,但举家外出谋生一年以上的住户,不包括在本地农村住户范围内。

进而通过获得和支配更多的资源来实现自身发展(魏后凯,2014)。

表 3-6　各行政地区正职干部的行政级别

行政级别	行政地区
省部级正职	省、自治区、直辖市及新疆生产建设兵团政府正职干部
省部级副职	各副省级市政府正职干部;各直辖市下属副省级新区(如上海浦东新区,天津滨海新区)正职干部
厅局级正职	地级市(各自治州及新疆生产建设兵团各师)正职干部
厅局级副职	副省级市或副省级新区所属各区县政府正职干部
县处级正职	包括县(县级市、区、旗及新疆生产建设兵团团级等)正职干部
县处级副职	副省级市或副省级新区乡、镇、街道办事处正职干部
乡科级正职	包括各乡、镇、街道办事处、新疆生产建设兵团团场各营正职干部

注:正职干部包括各级行政地区党委、政府、人大和政协的正职领导、特别行政区行政长官、新疆生产建设兵团政委和司令员。

城市体系也可以是由不同规模城市组成。我国过去按照城市市辖区非农业(户籍)人口划分城市规模等级。1989 年制定的《中华人民共和国城市规划法》规定,大城市是指市区(包括近郊区)非农业人口超过 50 万人的城市。中等城市是指市区非农业人口 20 万人以上,不满 50 万人的城市。小城市是指市区非农业人口不满 20 万人的城市。但这部法规已于 2008 年废止,同时实施的新法规不再有设定城市规模的条文。此外,相当多数学者认为这一分类标准偏低。2010 年出版的《中小城市绿皮书》以市区常住人口规模为标准,将城市分为五类:市区常住人口 50 万人以下的是小城市,50 万～100 万人的为中等城市,100 万～300 万人的为大城市,300 万～1 000 万人的为特大城市,1 000 万人以上的为巨大型城市。2014 年,国务院正式颁布《关于调整城市规模划分标准的通知》,对原有城市规模划分标准进行了调整,提出了新的城市规模划分标准。新的城市规模划分标准以城市城区常住人口为统计口径,将城市划分为五类七档:城区常住人口 50 万人以下的城市为小城市,其中 20 万人以上 50 万人以下的城市为Ⅰ型小城市,20 万人以下的城市为Ⅱ型小城市;城区常住人口 50 万人以上 100 万人以下的城市为中等城市;城区常住人口 100 万人以上 500 万人以下的城市为大城市,其中 300 万人以上 500 万人以下的城市为Ⅰ型大城市,100 万人以上 300 万人以下的城市为Ⅱ型大城市;城区常住人口 500 万人以上 1 000 万人以下的城市为特大城市;城区常住人口

1 000 万人以上的城市为超大城市。

3.2 城市化的历史进程

新中国成立以来,中国的城市化过程大致可划分为以下六个阶段(图 3-1)。

第一阶段,1949—1957 年,城市化稳定时期。经过三年国民经济恢复时期,社会秩序稳定,受战争影响迁入农村的原城市人口陆续返城。此外,国家"一五"计划中大规模的工业建设投资,使得城市吸收了许多剩余劳动力。工业化的发展使得原有工业城市得到稳步发展,也促使了新兴工业城市的产生。这一时期的城市化水平从 10.64%上升到 15.39%,年均增长 0.6 个百分点,为后来的工业化和城市化奠定了基础。

第二阶段,1958—1960 年,"过度城市化"阶段。三年的"大跃进"违背中国经济发展规律,以追求高速发展为主要目标,工业基建项目投资急剧膨胀,使农村人口盲目地涌入城市,超过了城市地区经济发展的需要。城市过度膨胀,出现了"过度城市化"的现象。三年间新增城市 15 个,城市人口年增 1040 万人,城市化率从 1958 年的 16.25%增至 19.75%,年均增长 1.75 个百分点。

第三阶段,1961—1965 年,第一次反向城市化。"大跃进"造成了城市过剩人口,城市压力过大,加之自然灾害、中苏关系恶化等原因,国家进入了经济调整时期。在这个形势下,政府鼓励城镇人口回流农村进行农业生产,同时提高设市设镇标准,使得部分新设城市被撤销或降级。1961—1963 年,我国共减少 31 个城市,城市化水平到 1963 年降为 16.84%。但由于 1964—1965 年后经济有所好转,城市人口缓慢上升,城市化率到 1965 年恢复到 17.98%。

第四阶段,1966—1978 年,第二次反向城市化。"文革"时期,我国实施重视重工业、忽视轻工业和第三产业的政策,限制甚至取消部分个体和民营经济,导致经济结构失衡。经济体制的僵化以及长期的社会动乱,使得城镇就业需求不足。为了缓解就业压力,国家进行大规模的"上山下乡"运动,使大批干部、知青离开城市,再次出现城乡逆流现象,城市化水平停滞。期间,虽然总人口从 7.45 增加到 9.63 亿,但城镇人口仅从 1.33 亿人增长到 1.72 亿;城市数量只增加 21 个,城市化率仅从 17.86%缓慢增加到 17.92%,仅年均增长 0.06 个百分点。

第五阶段，1979—1999 年，城市化快速发展阶段。城市化开始走出低谷，逐步进入持续、快速和稳定的发展阶段。十一届三中全会确立了我国的工作重点要转向以经济建设为中心，并且将我国的工业化战略由重工业向轻工业倾斜。随着农村经济体制的改革，乡镇企业的发展，城市改革和建设的推进，户籍制度的松动以及市镇建制设置的放宽，城市化率保持持续增长。1979—1999 年间，城市数量从 216 个上升到 667 个，年均增加 23 个城市；城市化率由 18.96%提高到 34.78%，年均增长 0.79 个百分点。

第六阶段，2000 年至今，城市化加速发展阶段。1997 年，公安部决定试点放开小城镇户籍改革。从 2001 年，中央政府决定全面放开小城镇户籍，以准入条件代替计划指标控制。此外，从 2001 年，中央政府开始了户口一元化改革，先后有多个省市宣布取消农业和非农业户籍划分。2000—2014 年间，虽然城市数量还有所减少，但是城市化率从 36.22%上升到 54.77%，年均增长 1.33 个百分点，是 1979—1999 年间的 2 倍左右。

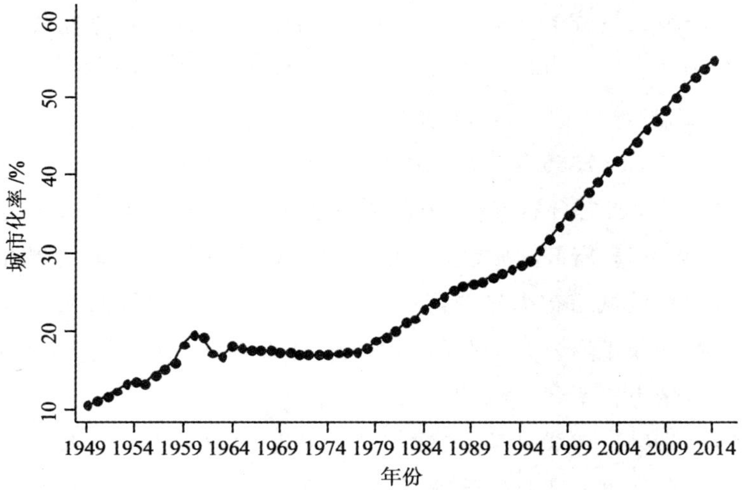

图 3-1　城市化历程

资料来源：《新中国六十五周年统计资料汇编》和《中国统计年鉴 2014》

3.3 城市规模体系的演变进程

由于缺乏1949—1978年中国城市数据，下面将概述改革开放以来中国城市体系的演变过程，其大致可以分为三个阶段。

第一阶段，从改革初期1979—1999年。从1980年开始，我国城市规模体系战略从全面限制城市发展，变为“严格控制大城市规模，合理发展中小城市，积极发展小城镇”。这一时期的城市体系政策相对更有利于中小城市发展。中小城市和小城镇数量和规模增加较快，大城市和特大城市数量偏少、规模较小、发展缓慢，城市平均规模总体上呈现下降趋势。

1979—1990年，1979年中国地级市（含直辖市）和县级市数量分别为107和109座，到1990年则分别为188和279座，分别增长76%和156%；而此时城市化率从18.96%增加到26.41%，只增长7.45个百分点。因而，城市化的推进速度远低于城市数量的增长速度。这主要是因为新设的城市规模较小，并不能吸收大量农村人口进城，同时大城市的发展受到限制。从表3-7也可见，1982—1990年间，大城市人口规模扩张速度低于中小城市，其中，特大和超大城市人口规模增长几乎停滞。

1990—1999年，1999年中国地级市（含直辖市）和县级市数量分别为240和427座，分别比1990年地级市和县级市增长28%和53%；这段时期的城市化率从26.41%提高到34.78%，仅上升8.37个百分点。虽然在这个阶段城市化的推进速度与城市数量增长速度之间的差距有所缩小，但仍慢于城市数量增长速度。表3-7表明，1990—1999年大城市人口规模扩张速度超过了1979—1990年，但是只与中等城市相当，且明显慢于小城市，这也意味着城市的平均规模还是在下降。

第二阶段，从2000—2013年。中央政府2001年正式宣布了“大中小城市和小城镇协调发展”的新政策，这意味着中央政府不再严格限制大城市规模的扩张。在这一时期，大城市人口增长都显著加快了。这段时期，城市的数量增长缓慢，甚至下降，其中，地级市数量从263座上升到290座，只上升10%，而县级市数量反而从400座下降到368座。而此时的城市化从36.22%上升到53.73%，增加了17.51

个百分点。而从表3-7可知，超大城市人口增速达到6.3%，与中等城市相当，只落后小城市人口增速2个百分点。这个时期大城市人口的快速增长大幅推进了城市化进程。

第三阶段，从2014年至今。2014年，国务院发布《关于进一步推进户籍制度改革的意见》提出要“严格控制特大城市人口规模、合理确定大城市落户条件、有序放开中等城市落户限制、全面放开建制镇和小城市落户限制”。新的户籍制度改革意见，一方面将严格控制城区人口在500万人以上的特大城市人口规模；另一方面将引导中小城市数量和规模扩大，试图使之成为吸纳农村转移人口的主力。

表3-7　各等级城市的平均规模及年均增长率　　万人，%

城市规模	1982—1990年			1990—2000年			2000—2010年		
	1982	1990	增长率	1990	2000	增长率	2000	2010	增长率
小城市	12.8	19.7	5.5	14.5	23.7	5.0	15.0	33.4	8.3
中等城市	32.0	38.9	2.5	34.2	45.0	2.8	33.9	65.7	6.8
大城市	69.7	75.5	1.0	68.2	89.0	2.7	67.8	117.5	5.7
特大城市	126.7	128.7	0.2	134.0	176.9	2.8	138.4	217.4	4.6
超大城市	333.9	339.3	0.2	381.2	483.3	2.4	391.5	719.5	6.3

注：资料来源于余吉祥等(2013)；在1982—1990年列下面，1982年和1990年子列分别指的是1982年各等级城市在1982年和1990年的平均规模，而增长率反映的是这些城市在1982—1990年间的年平均规模增长率，其余类推；按照《中国城市统计年鉴》的分类标准，将中国城市分为小城市、中等城市、大城市、特大城市和超大城市等五个级别的城市，其相应的人口规模分别为小于20万、20万～50万、50万～100万、100万～200万、大于200万。

3.4　城市化建设的推进模式

中国的城市化道路的独特特征是什么？有些学者从发展历程以及城市规模角度，将我国城市化的模式分为小城镇模式、中小城市模式、大城市模式和城市群模式。李强、陈宇琳和刘精明(2012)从城市建设角度分析了城市化的模式，即城市化通过何种运行机制、运作过程和运作方式进行。他们发现，中国城市化的突出特征是政府主导、大规模规划、整体推进、空间上跳跃式发展等，并从动力机制和空间模式将城市化建设的推进模式归纳为七种：建立开发区，建设新区新城，城市扩展，旧城改造，建设 CBD，乡镇产业化和村庄产业化。表 3-8 给出了城市化建设推进的七种模式的主要特征，下面简单介绍前三种模式。

表 3-8 中国城市化建设的推进模式比较

		建立开发区	建设新区新城	城市扩展	旧城改造	建设CBD	乡镇产业化	村庄产业化
动力机制	主导力量	国务院 省级政府 市级政府	国务院 市级政府	市级政府	市级政府 区级政府	市级政府	市级政府 县级政府 乡级政府	村委会与村庄精英合一
	运作方式	政府主导 市场运作 企业参与	政府主导 企业参与	政府主导 市场运作 企业参与	政府主导 企业参与	政府主导 市场运作 企业参与	政府指导 企业参与	村干部带动、村集体经济发展；政府推动、村民参与
	土地供给	中央划拨、大规模征用农地等	大规模征用农村土地	征用农村土地	城市用地	城市用地 征用农地	农村集体土地	农村集体土地
	推进方式	自上而下	自上而下	自上而下与自下而上相结合	自上而下	自上而下	自下而上与自上而下相结合	自上而下与自下而上两种
空间模式	发生区位	城市近郊 城市远郊	城市近郊 城市远郊	城市内部	城市内部	城市内部 新区新城或开发区内部	乡镇 村	村
	增长方式	跳跃发展 连续发展	跳跃发展 连续发展	连续发展	内部重组	内部重组 连续发展 跳跃发展	就地发展	就地发展
	规模特征	整体	整体	整体 碎片	整体	整体	整体 碎片	整体 碎片

资料来源：李强、陈宇琳和刘精明(2012)。

建立开发区是中国城市化建设的典型范例，以政府为主导力量，以政策为导向，整合各方资源，用行政资源和政府规划推动经济社会发展。通过开发区的建设，可以在短时间内完成产业和人口集聚，实现城市地域空间和人口规模的跳跃性扩张及产业结构转型升级。新区新城建设是通过对人口、土地、产业、交通以及其他基础设施的重新规划，推动人口和资源在一定范围集聚的城市化过程。新城新区一般具有某种资源优势，具有减缓中心区过度集中问题、并分摊城市中心的某种功能。城市扩展是指城市人口的增长，不断向外扩大城市用地范围的发展方式。城市扩展包括紧凑和蔓延两种情形，前者指城市空间发展得以控制，整体密度较高，后者指城市无序、盲目扩展。

不管使用何种模式，城市化建设过程中存在着土地资源浪费问题。无论从单位面积土地的人口规模，还是单位面积土地的产出规模看，城市用地集约化水平依旧较低，粗放用地、违规违法用地现象时有发生。此外，土地集约程度也存在空间差异，大城市的用地集约化水平更高，中小城市的用地集约化水平较低。这些年来，中西部一些中等城市也大建开发区或新城，用地规模迅速扩张，但是建成区人口密度却大幅下降。由于这些城市的规模或集聚经济不足，包括土地在内的生产要素配置效率较低，造成了巨大的闲置和浪费。

3.5 户籍改革历程和人口流动

然而，城市化和城市体系演变不仅只是表面上的城市物理空间扩张，更重要的是城市人口规模扩大和集聚。人口从农村向城市的流动，以及在不同城市之间的流动与我国的户籍制度密切相关。1951 年 7 月，公安部公布了《城市户口管理暂行条例》，该条例旨在“维护社会治安，保障人民之安全及居住、迁徙自由”，进而我国开始了城市人口户籍登记制度。到 1955 年 6 月，人口户籍登记制度从城市扩展到全国。1956 年 3 月，全国第一次户口工作会议确定户籍管理的三项基本任务是“证明公民身份，便利公民行使权力和履行义务；统计人口数字，为国家经济、文化、国防建设提供人口资料；发现和防范反革命和各种犯罪分子活动，密切配合斗争”。从中可见，1949—1956 年这段时期，户籍登记主要为了方便人口统计、身份证明和保障社会治安，人口在城乡之间和城市之间可以自由迁移。但到了 1958 年，为了配合计划经济的需要，政府开始通过户籍登记制度控制人口迁移。根据当时的政策规定，每个人必须在其常住地点登记，并以此为凭证在当地接受教育、就业和生活；改变常住地点和户籍登记地点需要先申请并得到相关部门的批准。1958 年 9

月，《关于精简职工和减少城镇人口工作中几个问题的通知》规定除了要控制人口从农村向城市迁移外，还要限制人口由小城市（镇）进入大中城市。到1964年8月，《公安部关于处理户口迁移的规定》明确指出除了极少数招工、升学和解决两地分居、照顾生活等特殊情况外，农民进城和人口流动要被严格控制。

20世纪80年代以后，为了促进农村和城市经济发展，中央政府开始放松户籍管理制度以提高劳动力流动程度。1984年10月，《关于农民进入集镇落户问题的通知》允许在集镇有固定住所、有经营能力，或在乡镇企事业单位长期务工的农民自理口粮到集镇落户。1985年7月，为了促进市场经济的发展，公安部出台了《关于城镇暂住人口管理的暂行规定》，允许流动人口在城镇暂住，对其实行《暂住证》《寄住证》制度。1992年8月，《关于实行当地有效城镇居民户口制度的通知》规定，在小城镇、经济特区、经济开发区、高新技术产业开发区推行当地有效城镇居民户口制度，即"蓝印户口"。持有"蓝印户口"的外来人口在入托、入园，义务教育和普通高中、职业高中教育、医疗卫生等方面享受与当地城镇居民同等的待遇。1995年6月，公安部发布《暂住证申领办法》，要求离开常住户口所在地、拟在暂住地居住一个月以上的外来人员申领暂住证，但对暂住人口不再强制遣返回户籍所在地。1997年，《小城镇户籍管理制度改革试点方案》《关于完善农村户籍管理制度的意见》《关于小城镇户籍管理制度改革试点和完善农村户籍管理制度有关问题的解答》相继出台，小城镇户籍改革试点拉开了序幕。在试点城镇，凡是拥有合法稳定的职业或者已有稳定的生活来源，而且在有了合法固定的住所后居住已满两年的，可以办理城镇常住户口，在入学、就业、粮油供应、社会保障等方面享受与城镇当地居民同等待遇。然而，小城镇户籍制度改革试点方案并不彻底。方案对申请落户的人员的生活来源和居住的稳定性有限制，特别是对居住期限有要求；方案对每个试点镇所能办理的户口数量实施总量指标控制；方案要求转户人员的农村承包地和自留地必须向原所在的农村经济组织或者村民委员会缴回。

2000年中共中央、国务院下发的《关于促进小城镇健康发展的若干意见》规定，从2000年起，在县级市市区、县级人民政府驻地镇及县以下小城镇有合法固定的住所、稳定的职业或生活来源的人员即可自愿落户，不再要求居住期限。2001年，国务院转了公安部《关于推进小城镇户籍制度改革的意见》，从当年10月1日起小城镇户籍改革在全国范围内展开。小城镇户籍管理制度改革的实施范围是县级市市区、县人民政府驻地镇及其他建制镇。凡在上述范围内有合法固定的住所、稳定的职业或生活来源的人员及与其共同居住生活的直系亲属，均可根据本人意愿办理当地城镇常住户口。根据本人意愿，可保留其承包土地的经营权，也允许依法有偿转让。这就意味着，新的改革意见不仅取消了小城镇落户的计划指标管理和居住期限限制，而且允许根据本人意愿允许保留承包地经营权甚至依法有偿转让。

2001 年起，全国不少省市陆续取消了农业户口和非农业户口的划分，部分省份虽未取消农业和非农业户口性质区分，但也开始用准入条件取代指标控制落户。2007 年，公安部召开了全国治安管理工作会议，商讨建立城乡统一的居民户口登记制度。到 2009 年，全国已有河北、辽宁、江苏、福建、山东、湖北、广西、重庆、四川、陕西、云南、浙江、湖南等省份的公安机关相继开展了城乡统一户口登记工作，取消了农业和非农业户口性质的划分，且实行准入条件落户政策。需要提及的是，"一元化"户籍改革对于省内和省外人员是有差别的。通常，对于省内人员，取消本地区农业户口与非农业户口的划分，统一按照实际居住地登记为居民户口；对于省外人员，对其落户采用准入条件取代指标控制落户的办法，准入条件通常是合法固定住所或稳定职业（生活来源）。

1998 年以后各年各省户籍制度改革力度也呈现出空间差异，按照小城镇到大中城市再到省会城市的顺序逐步递减。就不同省份而言，户籍制度改革的时间、范围和力度也有较大差异。遵循孙文凯、白重恩和谢沛初（2011）的划分，可将 1998—2015 年间户籍改革实施范围由小到大分为六个级别，包括小城镇试点、县级或地级市、除省城和特大城市以外全省、除省会外大中城市、省会城市和全省。记其序号为 1～6，具体见表 3-9。户籍改革的实施力度和程度可分为四个等级：仅对高端人才的改革，采取"准入条件"（或常住人口）的改革，实行"居民户口"改革，实行"准入条件"和"居民户口"同时改革。我们记其序号为 1A-4A，并列于表 3-10。根据这两大类标准，我们在表 3-11 和表 3-12 概述了 1998—2015 年间全国 31 个省市的户籍改革历程。其中，河北省的 2003 年"7 月 6-4A"表示"在 2003 年 7 月在河北省范围内同时实施'居民户口'和'准入条件'改革"。

无论是小城镇改革，还是户籍一元化改革，实践过程中并不彻底。例如，有些地方规定只有本市农业户口人员，才能在当地小城镇办理城镇常住户口。另外，一些省市宣布取消了农业户口、非农业户口称谓，但是在户口簿上标明户口登记地信息（户口登记地分为乡、镇的居委会、镇的村委会和街道四类），因此仍可以根据户口登记地类型大致判断农业人口和非农业人口。为了进一步推进户籍管理制度改革，2011 年国务院办公厅公布了《关于积极稳妥推进户籍管理制度改革的通知》，提出了按行政等级分类的差别化的户口迁移政策。首先，在县级市市区、县人民政府驻地镇和其他建制镇有合法稳定职业并有合法稳定住所（含租赁）的人员，本人及其共同居住生活的直系亲属，可以在当地申请登记常住户口。其次，在设区的市（不含直辖市、副省级市和其他大城市）有合法稳定职业满三年并有合法稳定住所（含租赁）同时按照国家规定参加社会保险达到一定年限的人员，本人及其共同居

表 3-9　户籍改革的实施范围

代号	1	2	3	4	5	6
户籍改革的实施范围	小城镇试点	县级或地级市	除省城和特大城市以外全省	除省会外大中城市	省会城市	全省

表 3-10　户籍制度改革实施力度和程度细则

户改实施程度	代号	说明
针对高端人才改革	1A	针对到迁入地工作的具有国民教育系列大学本科以上学历；对国家做出突出贡献的中青年专家或享受政府津贴人员；获省（市、自治区）以上荣誉称号人员；以上人员本人及其直系亲属（限 5 人以内）；调动、录用、聘用、招收人员；驻迁入地办事机构的人员；海外留学人才等进行户籍制度改革
“准入条件”（或常住户口改革）	2A	人口迁移户籍管理实行条件准入制，基本条件为具有固定住所，相对稳定的职业或合法的生活来源，同时，结合年龄、婚龄、文化程度（学位、学历）、职业能力（专业技术资格、职业资格）、纳税、投资、就业、养老保险等方面的条件，综合作为准予迁入本市申报登记常住户口的依据
“居民户口”改革	3A	城乡统一的户口登记管理制度。按照实际居住地登记户口的原则，在迁入地范围内取消农业户口、非农业户口、自理口粮户口及其他类型的户口性质划分，实行户口登记管理一体化，统一等级为居民户口
“居民户口”+“准入条件”	4A	“准入条件”和“居民户口”改革同时进行

资料来源：孙文凯、白重恩和谢沛初（2011）。

表 3-11　1998—2008 年各省户籍制度改革进展总结

省份	1998 年	1999 年	2000 年	2001 年	2002 年	2003 年	2004 年	2005 年	2006 年	2007 年	2008 年
河北				6 月 2-2A		7 月 6-4A					
山西						3 月 5-2A			9 月 4-2A	5 月 5-4A	
内蒙古			4 月 2-2A					1 月 5-2A	3 月 4-1A		
辽宁				6 月 2-2A	1 月 6-3A	8 月 4-1A					
黑龙江										5 月 6-2A	
江苏	8 月 2-2A			4 月 4-2A	11 月 3-4A	4 月 4-4A	7 月 5-4A				
浙江					7 月 4-3A	10 月 2-4A					
安徽				7 月 2-2A							
福建		12 月 2-2A		12 月 6-4A	3 月 5-4A	5 月 4-2A					
山东			1 月 3-2A	10 月 6-2A			8 月 6-4A	12 月 5-4A			
河南		1 月 1-2A	3 月 2-2A	9 月 2-4A		8 月 5-4A*					
湖北				10 月 2-3A		3 月 3-4A					
湖南	9 月 1-2A					10 月 3-4A					
陕西				9 月 2-2A				1 月 6-4A	2 月 5-1A		
甘肃			3 月 2-2A	8 月 2-2A			5 月 4-2A				
宁夏	6 月 1-2A										

续表 3-11

省份	1998 年	1999 年	2000 年	2001 年	2002 年	2003 年	2004 年	2005 年	2006 年	2007 年	2008 年
云南		10 月 4-2A									1 月 6-4A
广东				11 月 6-4A*							
广西								4 月 6-3A			
江西					5 月 2-2A						
重庆						7 月 6-4A					
四川						1 月 4-4A			10 月 5-2A		
北京	1 月 1-2A				9 月 1-2A						
上海					4 月 6-1A		4 月 6-2A				
天津											
吉林				9 月 3-2A							
贵州	2 月 1-2A		5 月 6-1A								
西藏				5 月 1-2A							
青海									4 月 5-1A		
新疆	5 月 1-2A										
海南											

注：1998—2006 年的部分省份资料来自孙文凯、白重恩和谢沛初(2011)；2001 年广东省完全放开的户籍制度改革不到半年便夭折；2003 年河南省郑州市宣布户籍制度完全放开，但一年后又结束新政。2005 年广西省虽然名义上放开全区全部城市的户口，但后来实际上只有 10 个城市的户口放开。天津市户籍政策亮点主要是蓝印户口政策(买房入户)，由于未符合此处分类，故未报告。贵州市 2009 年户籍改革只覆盖本省农业户籍人口。

表 3-12　2009—2015 年各省户籍制度改革进展总结

省份	2009 年	2010 年	2011 年	2012 年	2013 年	2014 年	2015 年
河北	4 月 6-2A	4 月 6-2A		7 月 6-2A		11 月 6-4A*	
山西							1 月 6-4A
内蒙古				10 月 6-2A			9 月 6-4A
辽宁	4 月 6-4A						7 月 6-4A
黑龙江						11 月 6-4A	
江苏						12 月 6-4A	
浙江							12 月 4-4A
安徽	6 月 2-4A						5 月 6-4A
福建							2 月 6-4A
山东	8 月 5-4A					11 月 6-4A	
河南						11 月 6-4A	
湖北							9 月 6-4A
湖南							5 月 6-4A
陕西	11 月 6-4A						3 月 6-4A
甘肃						12 月 6-4A	
宁夏			7 月 5-3A		3 月 5-3A		2 月 6-4A

续表 3-12

省份	2009 年	2010 年	2011 年	2012 年	2013 年	2014 年	2015 年
云南							5 月 6-4A
广东	7 月 5-3A	6 月 6-2A		1 月 6-2A			6 月 6-4A
广西		12 月 6-4A					2 月 6-4A
江西						12 月 6-4A	
重庆		7 月 6-4A					8 月 6-4A
四川						11 月 6-4A	
北京							
上海					7 月 6-2A		
天津					9 月 6-2A		
吉林		10 月 6-4A					1 月 6-4A
贵州	6 月 6-2A*						5 月 6-4A
西藏							
青海			4 月 5-4A				1 月 6-4A
新疆		1 月 5-2A	2 月 4-2A			10 月 6-4A	
海南	4 月 6-2A						12 月 6-4A

注:2014 年河北省的户籍改革方案对首都周边城镇(廊坊市市区、三河市市区及下辖建制镇、大厂回族自治县、香河县、永清县、固安县政府驻地镇及其他建制镇)的落户条件有特殊要求。

住生活的配偶、未婚子女和父母，可以在当地申请登记常住户口。最后，继续合理控制直辖市、副省级市和其他大城市人口规模，进一步完善并落实好现行城市落户政策。

2014 年 7 月，国务院发布了《关于进一步推进户籍制度改革的意见》，进一步深化了按行政等级分类的差别化的户口迁移政策，提出了按行政等级和城市规模分类的差别化户口迁移政策。第一，对于在县级市市区、县级市人民政府驻地镇和其他建制镇的人员，只要求其有合法稳定住所（含租赁）便可申请落户，而不再要求其有合法稳定职业。第二，对于在城区人口 50 万～100 万人的城市合法稳定就业并有合法稳定住所（含租赁），同时缴纳一定年限城镇社会保险的人员，城市综合承载能力压力小的地方，可以全面放开落户限制；城市综合承载能力压力大的地方，可以对合法稳定就业的范围、年限和合法稳定住所（含租赁）的范围、条件等作出具体规定。第三，对于在城区人口 100 万～300 万人的城市合法稳定就业达到一定年限并有合法稳定住所（含租赁），并缴纳一定年限城镇社会保险的人员，可申请落户；城区人口 300 万～500 万人的城市，要适度控制落户规模和节奏，可以对合法稳定就业的范围、年限和合法稳定住所（含租赁）的范围、条件等作出较严格的规定。第四，严格控制特大城市人口规模，改进城区人口 500 万人以上的城市现行落户政策，建立完善积分落户制度。以具有合法稳定就业和合法稳定住所（含租赁）、参加城镇社会保险年限、连续居住年限等为主要指标，合理设置积分分值，并实行总量控制。

3.6 小结

本章回顾了城市化和城市体系的统计标准及其演变趋势，城市化建设的推进模式，以及与城市化密切相关的户籍制度改革的历程。首先，城市人口的统计标准与城市行政区划、统计区划和常住人口定义密切相关，城市化的统计标准和城市规模体系分类标准随着时间的推移而不断改进和完善。其次，改革开放前我国的城市化水平较低，但是改革开放后城市化速度提高，而特别自 2000 年以来，城市化加快了；2000 年之前，大城市规模受到了严格控制，以致于其发展速度显著慢于小城市，2000—2013 年，大城市规模不在被严格控制，大城市也得以快速发展。再次，我国不同地方或不同阶段采取过不同的城市化建设模式，如建立开发区、建设新区新城和旧城改造等，但是总体上城市建设过程中用地集约化水平并不高。最后，改革开放以来，我国在小城镇户籍改革、户籍一元化改革、放松落户准入条件等领域取得了很大进展，推动了农村转移人口在城镇流动或落户。尽管我国逐步取消中小城市的落户限制，但是对大城市的户籍管制基本上未放松。

4 城市化和收入分配统计

4.1 引言

自从20世纪90年代中期以来，城乡之间居民收入差距不断扩大，成为我国居民收入差距扩大的主要根源（李实和赵人伟，2007）。最近几年来，城乡之间居民收入差距扩张的势头有所减缓，但仍在高位运行。2012年城镇人均可支配收入为农村居民人均纯收入的3.10倍[①]。如此之高的城乡收入差距引起了社会各界的普遍担忧，但有些研究者指出这一差距可能是建立在农村居民收入水平被低估的基础上的。譬如，蔡昉和王美艳（2009）认为，城乡收入差距不断扩大、居高不下的现象与农村劳动力向城镇地区大量转移、近年来农民工工资水平快速上升等现象是不一致的，而导致这种矛盾现象共存的原因在于现有的统计制度遗漏了大量农村外出从业人员及其外出从业收入。华生（2010）也提出了类似的问题，并试图对农村居民收入水平进行调整，但王萍萍（2011）指出这种调整是不正确的。

我国农村劳动力向城镇地区转移规模的不断扩大[②]，对社会经济各方面所产生的影响也日趋深远，其中也影响到农村居民的收入核算方式。农村居民收入核算方式的差异，既影响到农村居民收入水平的准确估计，也影响到对于农村内部、城乡以及全国收入差距的估计和判断。现有某些关于农村劳动力外出与人均收入关

---

① 根据《中国统计年鉴2015》，2012年城镇人均可支配收入和农村人均纯收入分别为24 564.7元和7 916.6元。从2013年开始，国家统计局不再分开进行城镇和农村住户调查，而是实施城乡一体化的住户调查，并统一了收入口径。结果显示，2013和2014年城乡人均可支配收入比虽然有所下降，分别降为3.03和2.97，但依然较高。

② 改革开放初期，农村外出劳动力（户籍所在乡镇地域外从业的农村劳动者）不到200万，到2010年已达到1.53亿，到2015年达到1.69亿（盛来运，2008；彭丽荃，2011；2015年农民工监测调查报告）。

系研究的简单统计描述中（如李实，1999；孙志军和杜育红，2004；盛来运，2008[①]），甚至发现外出户人均收入水平低于非外出户的情形。研究者通常基于外出行为的选择性和住户层面的微观异质性，借助于相应的计量分析技术来进行解释。但是，这个问题或许可归因为住户收入核算方式的差异。

农村劳动力转移使农村“家庭（family）”和“住户（household）”的含义出现了比较大的差异，尽管在中文语境中，这两个概念通常是不加区分的。这给农村居民收入核算实践带来了一些基础性的问题，如农村居民收入核算究竟应该基于“家庭”还是基于“住户”？在核算人均收入时，哪些人应当计入成员算作分子，哪些收入应当计入总收入算作分母？值得说明的是，核算方式的选择取决于人们对于上述问题的不同理解，而且一些研究文献也采取了不同的处理方式，例如，Beaman 和 Dillion（2012）、岳希明和罗楚亮（2010）、Schiff（2008）、Taylor 等（2003）、都阳和朴之水（2003）等。王萍萍（2011）提到国家统计局对此采取的是“收入跟着人走”的原则，但从本章所反映的基层统计核算的实践结果来看，似乎各种不同的理解方式是同时存在的。

本章将基于北京师范大学中国家庭收入项目（CHIP）调查数据，从农村家庭/住户成员及其收入的不同界定方式，考察基层核算实践中农村住户外出从业收入核算的相关选择，在此基础上对农村居民收入水平从不同角度做出重新估计，并指出不同的处理方式对收入差距估计所具有的不同影响。本章其他内容安排如下：第二节讨论外出从业收入核算口径及人均收入核算方法；第三节说明数据来源并给出描述性统计分析；第四节分析基层实践中的外出从业收入核算方式；第五节估算统一外出从业收入核算方式对收入分配统计的影响；第六节给出本章的小结。

①　盛来运（2008）根据 2004 年农村住户调查资料，将农村住户按照是否外出和是否在本地有非农就业分为三类，并发现有外出劳动力的家庭、无外出也无本地非农就业劳动力家庭以及无外出有本地非农就业劳动力家庭的人均收入分别是 2 906 元、2 468 元和 4 205 元。根据盛来运（2008）提供的农户人口结构信息，本章发现非外出劳动力家庭人均收入是 3 069 元，高于外出劳动力家庭人均收入。

4.2 外出从业收入核算口径

前面的讨论已经指出，要准确地核算农村居民收入水平，需要解决两个基本问题：一是哪些人应该被计为农村住户人口；二是哪些收入应当被计入农村住户收入。这两个看似简单的问题，在我国特定的农村劳动力和人口流动方式下，在调查实践中都会存在着不同的理解，从而变得不易处理，这无疑将影响到农村居民收入水平的核算结果。

我国农村外出劳动力一方面与来源地家庭在地域空间上是分离的，另一方面又通常与来源地家庭保持着密切的经济和生活联系。因此，外出人口是否计入家庭/住户成员，以及按照什么方式计入，就可能存在着不同的理解和选择方式。按照2012年及以前的《农村住户调查方案》，农村住户人均收入、人均消费都是根据家庭常住人口计算的，而常住人口界定为："全年经常在家居住6个月以上，而且经济和生活于本户连成一体的人口。外出从业人员在外居住时间虽然在6个月以上，但收入主要带回家中，经济与本户连为一体，仍视为家庭常住人口；在家居住，生活和本户连成一体的国家职工、退休人员也为家庭常住人口。但是现役军人、中专及以上（走读生除外）的在校学生以及常年在外（不包括探亲、看病等）且已有稳定的职业与居住场所的外出从业人员，不应当作家庭常住人口"。家庭常住人口的界定取决于两个要素，一是居住时间，二是经济和生活上的联系程度[①]。不过对于后一个要素，或许在较大程度上取决于统计人员和家庭成员的理解。

绝大多数农村外出人口在现有的户籍制度框架下不具有迁移特征，通常与来源地家庭在经济与生活上"连为一体"。根据2014年农民工监测调查报告，在1.68亿外出农民工中，住户中外出农民工为1.32亿，占78.7%；举家外出农民工为0.36亿，占21.3%[②]。住户中外出农民工通常与农村家庭存在经济与生活上的联

① 从2013年开始，国家统计局实施了城乡一体化的住户调查。在新的住户调查方案中，家庭或住户常住人口的界定标准有所调整。被调查的住户成员指居住在一个住宅内，所有与本住户分享生活开支或收入的人员，包括由本住户供养的在外学生（包括大中专学生和研究生）；未分家的农村外出从业人员和随迁家属，无论其外出时间长短；轮流居住的老人；因探亲访友、旅游、住医院、培训或出差等原因临时外出的人员。常住人员指住户成员中，经常在家居住或者调查期内居住时间超过一半的人员，以及本住户供养的学生。

② 2015年农民工监测调查报告不再报告举家外出农民工规模。

系。如果将这一部分人群仍计为家庭人口，那么他们在外所获得的收入也应当被计算为家庭收入，否则只需将寄回带回收入计入。具体而言，对于他们在外获得的收入，至少有两种不同的理解方式。

第一种方式将外出成员与非外出成员作为家庭整体，尽管这一家庭的收支决策分别在外出地和来源地做出，因此把外出成员在外的所有个人收入都作为家庭收入，而他们在外的所有消费支出也计算为家庭消费。

第二种方式认为外出成员在外出地实际上形成了一个新的住户，与来源地住户之间的经济联系主要表现为寄回带回收入。因此在来源地家庭的收入核算中，一个外出成员不是作为一个完整的常住人口计入家庭人口，而是按照他/她在家居住的时间进行标准化处理，同时只把外出成员的寄回带回收入计入来源地家庭收入[①]。

上述关系可总结为三种住户人均收入统计口径，如表 4-1 所示。收入Ⅰ和收入Ⅱ是将全部外出从业收入计入到住户收入后得到住户人均收入，两者不同的是前者是以家庭常住人口计算的人均收入，后者是以家庭全部人口计算的人均收入。收入Ⅲ是只将外出就业人口汇回和带回收入计入住户收入，外出人口根据其在家居住时间部分地计入家庭人口基数后得到的人均收入。

表 4-1　成员与外出收入的对应关系

项目	家庭常住人口	全部家庭人口	按居住时间调整全部家庭人口
全部外出收入	√（收入Ⅰ）	√（收入Ⅱ）	
寄回带回收入			√（收入Ⅲ）

注：（　）内为不同口径的住户收入。

4.3　数据说明和描述性统计分析

本章所使用数据直接来自于北京师范大学收入分配课题组组织的 2007 年的中国家庭收入项目调查（又称为 CHIP2007 年数据），农村住户调查和城镇住户调

① 采取这种方式计算农村人均收入的另一个原因是，外出从业人员的全部收入的统计会存在较大的误差，比如更容易出现收入遗漏的现象。相对而言，有关寄回、带回收入的统计会更为准确一些。

查各为5 000个样本户。调查样本来自于国家统计局常规住户调查的大样本，许多调查指标也是来自于国家统计局的常规调查内容，因此本章使用的调查数据反映的问题同时也是官方住户调查数据中存在的问题。

在CHIP调查数据中，农村住户调查数据包括个人层面的“农村住户人口与劳动力就业情况”和住户层面信息。在个人层面上，我们可以获知哪些家庭成员在常规住户调查中被识别为常住人口，各家庭成员在家居住的时间、是否外出从业、外出从业时间以及在外从业所得到的收入和支出等信息。在住户层面上，可以获知家庭纯收入及其构成，所涉及的收入分项包括工资性收入、家庭经营纯收入、财产性纯收入以及转移性纯收入，其中，工资性收入又能进一步分解为“在非企业组织劳动得到收入”“在本乡地域内劳动得到收入”“外出从业得到收入”。表4-2列出了2007年CHIP调查数据中农村住户调查样本的构成。从中可见，住户全部人口数量和常住人口数量分布的差异是比较小的，常住人口占所有个人样本的98%。更进一步地，4 744户住户的家庭个人数量和常住人口数量是相等的，约占全部住户数量的95%。而在147个县中，家庭个人数量和常住人口数量一致，占全部样本县的72%。这意味着住户中绝大部分人口被认定为常住人口。

表4-2　农村住户调查样本构成描述

省份(市)	住户数量/户	个人数量/人	常住人口数量/人	县个数/个
北京	500	1 717	1 696	13
山西	700	2 777	2 758	35
辽宁	800	2 694	2 653	24
福建	800	3 435	3 189	26
湖南	800	3 168	3 165	37
云南	700	3 015	2 989	40
甘肃	700	3 250	3 241	30
合计	5 000	20 056	19 691	205

表 4-3　在家居住或外出从业时间与常住人口身份之间的关系

时间	在家居住时间				在外从业时间			
	非常住人口		非常住人口		非常住人口		非常住人口	
	数量/人	比例/%	数量/人	比例/%	数量/人	比例/%	数量/人	比例/%
≤1 个月	89	14.61	520	85.39	1	1.96	50	98.04
2 个月	146	18.94	625	81.06	0	0	136	100
3 个月	50	10.44	429	89.56	0	0	96	100
4 个月	28	8.67	295	91.33	1	1.02	97	98.98
5 个月	19	14.73	110	85.27	3	2.78	105	97.22
6 个月	0	0	270	100	8	3.69	209	96.31
7 个月	0	0	150	100	4	3.15	123	96.85
8 个月	0	0	210	100	10	4.42	216	95.58
9 个月	0	0	133	100	12	6.74	166	93.26
10 个月	0	0	283	100	70	11.20	555	88.80
11 个月	0	0	285	100	77	16.21	398	83.79
12 个月	0	0	16 327	100	3	13.64	19	86.36
缺失	33	37.93	54	62.07	176	0.99	17 521	99.01
合计	365	1.81	19 691	98.18	365	1.81	19 691	98.18

注：在家居住时间或外出时间为 2 个月指的是相应时间为 1 个月以上、2 个月及以下这一区间，其余类推。

为此，进一步地考察常住人口与非常住人口在家居住时间和外出时间的分布（表 4-3）。从在家居住时间来看，在家居住 6 个月以上的都计为常住人口，而在 6 个月以下的人群中，则既有常住人口又有非常住人口。但是，调查数据没有显示外出从业时间与常住人口身份之间有必然的联系。在 2 359 名当年外出打工的人员样本中，只有 189 名是非常住人口，常住人口为 2 170 名，后者占全部外出打工人口的 92%。在外出的常住人口中，外出从业时间在 6 个月及以上的占

78%。无论以家庭总人口数还是以常住人口数来衡量，从表4-4中可以看出，外出户[①]的人口规模都要更大一些，但按居住时间调整后的人口规模来看，非外出户超过了外出户。

表4-4　外出户与非外出户家庭规模

住户类型	家庭总人口数	家庭常住人口数	按居住时间调整全部家庭人口数
非外出户	3.82	3.78	3.82
外出户	4.37	4.23	3.59
全部住户	4.01	3.94	3.74

农村住户调查数据中外出从业人员相关收入和支出信息的简单描述性统计量可见表4-5，其中月均收入根据外出从业实际总收入和外出就业时间推算得到。从中可以看到，在本章所采用样本中，2 359个人有外出从业经历；平均外出实际总收入为8 831元/(人·年)，其中，寄回带回收入是42 88元/(人·年)，约占外出实际总收入的1/2；外出从业生活消费为3 110元/(人·年)，约占外出实际总收入的35%，而其他支出如旅费和手续支出在外出实际总收入中的占比较低，只有4%；按外出月份数折算，月人均外出从业收入水平为1 084元[②]。

表4-5　外出从业相关收入与支出信息　　元

变量	样本数/个	均值	标准差	最小值	最大值
外出从业实际年收入	2 359	8 831	8 907	100	150 800
外出从业月收入	2 359	1 084	909	109	20 000
年寄回带回收入	2 359	4 288	5 703	0	109 490
年外出从业旅费	2 359	244	658	0	20 000
年外出从业各种手续支出	2 359	127	2 862	0	130 000
年外出从业生活消费支出	2 359	3 110	3 489	0[③]	51 000

① 本章中的外出户指至少有一位外出从业人员的住户。

② 这个数值与国家统计局公布的资料接近。中国农村住户调查资料显示，2007年农村居民外出务工的月收入是1 060元(国家统计局农村社会经济调查司，2008)。

③ 从原始数据中，我们发现有79个个人的月消费支出为0元，10%的个人样本在100元以下。

4.4 农村住户外出从业收入的核算方式

在我们使用的农村住户调查数据中，除了包括个人的收入信息外，家庭收入部分也给出了外出从业人员的收入总和。但是在如何从个人外出从业收入加总得到家庭的外出从业收入的处理方式上，不同地区的做法有所不同。表4-6在住户和县层面上给出了各种外出收入核算口径之间的关系。在1820户有外出收入的住户中，约31%的住户家庭收入中的“外出从业得到收入”等于外出从业实际总收入，而约28%的住户等于寄回、带回收入，而39%的住户的家庭“外出从业得到收入”与以上两个外出收入核算口径都不一致。从中可以看到，在核算家庭“外出从业得到收入”的过程中，存在着对外出从业收入核算口径理解上的差异性。而在县层面上，这种理解上的差异性也表现得很明显。大约63%的县所核算的外出从业收入不属于以上两种外出收入核算口径。从表4-7所给出的省份层面信息来看，只有湖南在核算家庭外出从业收入时比较确定地采用了外出从业实际总收入，而其他省份中各种核算结果之间都有不同程度的差异性。

表4-6 不同外出收入来源信息之间的关系

关系	住户		县	
	数量/户	占比/%	数量/户	占比/%
家庭“外出从业得到收入”等于外出从业实际总收入	572	31.43	41	21.81
家庭“外出从业得到收入”等于寄回、带回收入	502	27.58	28	14.89
其他（以上两个等式关系都不成立）	716	39.34	118	62.77
外出从业实际总收入等于寄回、带回收入	111	6.10	4	2.13
有外出收入的住户数量/县数量	1 820	100	188	100

注：计算住户/县数量时不包括由于外出收入为0而相等的情形；有外出收入的住户/县指的是三种外出收入信息只要有一项不为0的住户/县。

表 4-7　家庭外出从业收入不同核算方式的省份差异　元/(户·年)

省份	"外出从业得到收入"	外出从业实际总收入	寄回、带回收入
北京	3 200	4 190	3 044
山西	676	1 178	742
辽宁	1 746	3 498	1 983
福建	2 199	10 091	3 728
湖南	4 195	4 195	2 286
云南	439	1 710	363
甘肃	2 006	3 556	2 029
合计	2 059	4 167	2 023

由于我们能够获取的资料有限，仍有39%的住户的外出从业收入核算方式未知。根据国家统计局农村住户调查方案，家庭"外出从业得到收入"应该反映家庭常住外出从业人员在外获得的收入总和，但核算方式未知的家庭"外出从业得到收入"与根据个人层面的外出从业信息加总得到的住户外出从业实际总收入又不一致。因此，对于住户外出从业收入核算方式未知的住户，就需要进一步验证这个家庭"外出从业得到收入"能够在多大程度上反映外出从业总收入①。我们注意到，对于只有一位外出从业人员的住户，个人和住户层面的外出从业收入都反映了这个外出从业人员在外获得的总收入。因此，也可以用这两个外出从业收入指标分别估计个人外出从业月收入决定方程，通过比较方程估计系数的经济和统计意义来验证核算方式未知的家庭"外出从业得到收入"的相对合理性。

在我们使用的数据中，1 229个外出户只有一名外出从业人员。剔除相应的住户层面外出从业收入为零的样本后，还剩下1 028个外出从业人员的个体样本，其中，住户外出从业收入核算方式未知的住户下的外出从业人员是301个。我们根

① 我们还不能确定核算方式未知的住户在核算住户外出从业收入所依赖的原始资料。从理论上讲，或许由于测量误差等原因，这些资料可能比直接给出的个人层面的外出从业实际总收入更准确。

据两种外出从业月收入指标和引入的不同解释变量估计出8个回归方程，具体结果见表4-8。模型1到模型4是根据个人层面外出从业收入得到的月收入对数估计的方程，模型5到模型8是根据住户层面外出从业收入得到的月收入对数估计的方程。模型5中男性变量估计系数为负，尽管该系数不显著，这表明外出从业月收入不存在性别差异；此外，受教育年限和培训变量也不显著。如果将受教育年限换成受教育水平后（见模型6），男性变量的估计系数仍为负而且不显著，而大专及以上受教育水平估计系数远低于高中和初中水平，表明大专及以上教育的收益率为负，或者至多为零，同时，培训变量也不显著。控制了行业和输入地省份特征后（见模型7和8），尽管估计系数有所差异，但定性结论未变。这个结果不仅与模型1到模型4有很大差异，而且与通常的经验研究的结论（如谢嗣胜、姚先国，2006；高文书，2006；王子、叶静怡，2009；李实、杨修娜，2010；罗忠勇，2010等）也有很大的不一致。反观模型1到模型4，这四个模型的估计系数都比较合理。据此可以推断，对于住户外出从业收入核算方式未知的住户，直接给出的家庭“外出从业得到收入”很可能并非家庭外出从业人员在外所获收入总和的真实反映。

4.5　统一核算口径对收入分配统计的影响

鉴于在实际调查中不同地方对外出人口和外出从业收入的不同理解和处理方式，本部分按照表4-1给出的思路进行相关调整。为讨论这些调整方式对结果所可能产生的影响，表4-9首先给出了未进行调整的结果，也就是家庭总收入采用的是家庭层面上直接给出的纯收入信息，家庭规模分别采用了常住人口和总人口两种方式。从中可以看出，总体上外出户人均收入水平只相当于非外出户的90%左右，并且除了湖南以外的其他各省份中，外出户的人均收入水平都不同程度地低于非外出户。差异最大的是甘肃，外出户的收入只相当于非外出户的82%。从前面的讨论中可以看出，湖南之所以出现外出户人均收入高于非外出户，在很大程度上应归因于在家庭外出收入核算上所采取的不同处理方式所致。

表 4-8　外出从业月收入决定方程

解释变量	个人层面外出从业收入(月收入对数)				住户层面外出从业收入(月收入对数)			
	模型 1	模型 2	模型 3	模型 4	模型 5	模型 6	模型 7	模型 8
男性	0.147**	0.141**	0.176***	0.167***	−0.067	−0.101	−0.117	−0.142
	(0.059)	(0.059)	(0.058)	(0.059)	(0.155)	(0.158)	(0.152)	(0.155)
年龄	0.068***	0.067***	0.057***	0.056***	0.153***	0.154***	0.138***	0.137***
	(0.018)	(0.018)	(0.0189	(0.020)	(0.038)	(0.037)	(0.041)	(0.041)
年龄平方	−0.088***	−0.087***	−0.069**	−0.068**	−0.163***	−0.164***	−0.150***	−0.150***
/100	(0.0262)	(0.027)	(0.028)	(0.028)	(0.053)	(0.053)	(0.057)	(0.058)
受教育年限	0.037***		0.036***		0.028		0.018	
	(0.012)		(0.011)		(0.023)		(0.022)	
初中		0.130		0.138		0.262		0.046
		(0.086)		(0.091)		(0.160)		(0.166)
高中		0.300***		0.298***		0.354*		0.228
		(0.097)		(0.095)		(0.184)		(0.180)
大专及以上		0.367**		0.347**		0.045		−0.145
		(0.169)		(0.160)		(0.284)		(0.266)

续表 4-8

解释变量	个人层面外出从业收入(月收入对数)				住户层面外出从业收入(月收入对数)			
	模型 1	模型 2	模型 3	模型 4	模型 5	模型 6	模型 7	模型 8
培训	0.205***	0.202***	0.216***	0.215***	0.135	0.153	0.094	0.102
	(0.055)	(0.055)	(0.055)	(0.055)	(0.117)	(0.115)	(0.121)	(0.120)
行业			已控制	已控制			已控制	已控制
输入地省份			已控制	已控制			已控制	已控制
常数项	5.360***	5.562***	5.492***	5.696***	2.997***	3.046***	3.187***	3.347***
	(0.313)	(0.303)	(0.295)	(0.288)	(0.645)	(0.599)	(0.612)	(0.649)
样本量	301	301	301	301	301	301	301	301
R^2	0.201	0.203	0.294	0.294	0.195	0.202	0.254	0.260
调整 R^2	0.187	0.184	0.262	0.257	0.181	0.183	0.220	0.221

注:括号内的数字是稳健性标准差;*、** 和 *** 分别表示在 10%、5%和 1%水平上显著;受教育水平的参照组是“小学及以下”;行业分为制造业、建筑业和其他(参照组)三类;输入地省份分为北京、山西、辽宁、福建、广东、甘肃和其他(参照组)七类。

表 4-9　未调整的农村居民收入水平　　元/(人·年)

省份	按家庭常住人口数平均				按家庭总人口数平均			
	非外出户	外出户	全部住户	外出/非外出	非外出户	外出户	全部住户	外出/非外出
北京	9 771	8 976	9 545	0.92	9 652	8 866	9 428	0.92
山西	3 629	3 163	3 551	0.87	3 602	3 150	3 526	0.87
辽宁	4 739	4 615	4 699	0.97	4 661	4 555	4 628	0.98
福建	5 714	5 389	5 572	0.94	5 556	4 725	5 173	0.85
湖南	3 725	3 903	3 834	1.05	3 722	3 899	3 831	1.05
云南	2 760	2 501	2 715	0.91	2 751	2 417	2 692	0.88
甘肃	2 521	2 075	2 287	0.82	2 513	2 070	2 280	0.82
合计	4 397	4 029	4 260	0.92	4 353	3 902	4 182	0.90

注:“外出/非外出”的单位是 1,下同。

根据表 4-1 所给出的基本思路,表 4-10 重新计算了农村住户人均收入水平。我们首先根据调查数据中的个人外出收入相关信息,分别加总得到家庭层面的家庭成员外出从业总收入以及寄回带回收入,再将这些外出从业收入分别计入家庭纯收入。家庭人口规模也根据表 4-1 进行相应调整。所得结果基本上消除了外出户收入低于非外出户的现象。特别是在收入 1 和收入 2 的核算口径中,外出户人均收入水平超过非外出户 25%和 23%。如果采用收入Ⅲ核算口径,即将外出成员视为城市家庭,将外出成员与原来家庭成员之间的联系视为家庭间的转移收入/支出,则外出户由于获得了转移收入从而人均收入水平比非外出户要高出 10%。虽然在收入Ⅲ核算口径下甘肃和北京的外出户人均收入仍低于非外出户,但是外出户与非外出户人均收入的比值比住户外出从业收入未调整时有不少提高。由此可见,外出户人均收入低于非外出户的现象很可能与不适当、非一致的收入核算方式有关。此外不难理解,经过调整后的农村人均收入水平都有不同程度的上升。特别是根据收入Ⅰ和收入Ⅱ口径,农村人均收入水平比未调整前分别上升了 13%左右。

表 4-10　经调整后的农村居民收入水平　　元/(人・年)

项目	住户类型	北京	山西	辽宁	福建	湖南	云南	甘肃	合计
收入Ⅰ	非外出户	9 768	3 629	4 736	5 608	3 725	2 714	2 521	4 372
	外出户	10 009	3 923	6 284	10 076	3 903	4 432	2 712	5 506
	全部住户	9 837	3 678	5 228	7 552	3 834	3 013	2 621	4 795
	外出/非外出	1.02	1.08	1.33	1.80	1.05	1.63	1.08	1.26
收入Ⅱ	非外出户	9 649	3 602	4 659	5 453	3 722	2 705	2 513	4 328
	外出户	9 886	3 906	6 203	8 835	3 899	4 284	2 706	5 333
	全部住户	9 717	3 653	5 148	7 012	3 831	2 987	2 614	4 708
	外出/非外出	1.02	1.08	1.33	1.62	1.05	1.58	1.08	1.23
收入Ⅲ	非外出户	9 649	3 602	4 659	5 453	3 722	2 705	2 513	4 328
	外出户	9 226	3 767	5 754	7 195	4 032	3 047	2 411	4 769
	全部住户	9 534	3 627	4 964	6 150	3 894	2 757	2 463	4 475
	外出/非外出	0.96	1.05	1.24	1.32	1.08	1.13	0.96	1.10

农村住户外出从业收入核算方式的统一调整也会对收入差距的估计有影响。首先从农村内部收入差距来看(比较第二列和第四列,第三列和第五列,第二、三列和第六列),住户外出从业收入经过调整后的农村内部收入差距通常都会略高于调整前,其中变化幅度最大的是收入Ⅰ。需要指出的是,在收入Ⅲ口径下,外出户内部的收入差距也有较大幅度的上升,这是因为存在着外出时间的差异。但是,外出从业收入经过调整后的城乡合并的收入差距则有所下降,基尼系数通常将下降1个百分点,下降幅度最大的是收入Ⅱ口径核算的结果;而收入Ⅲ口径中由于外出户内部收入差距的上升,因而城乡合并的基尼系数的下降幅度较小。此外,城乡之间的收入差距会因外出收入的调整而有所缩小。根据平均对数离差和泰尔指数分解的城乡之间收入差距在总体收入差距中所占的比重也会有所下降。但即便如此,城乡差距在总体差距中仍占有较高的比重。

表 4-11 收入分配效应

项目	收入未调整（家庭常住人口）	收入未调整（家庭总人口）	收入Ⅰ	收入Ⅱ	收入Ⅲ
农村内部收入差距：					
变异系数	0.916 8	0.899 5	0.969 5	0.897 8	0.925 7
基尼系数	0.413 1	0.407 6	0.422 8	0.411 0	0.421 6
平均对数离差	0.282 7	0.274 8	0.300 5	0.284 4	0.296 8
泰尔指数	0.287 2	0.278 5	0.308 2	0.283 9	0.297 8
城乡合并收入差距[①]：					
变异系数	0.988 8	0.994 4	0.962 1	0.957 1	0.968 1
基尼系数	0.472 5	0.473 9	0.460 4	0.458 5	0.465 6
平均对数离差	0.407 3	0.408 3	0.386 5	0.382 4	0.398 6
泰尔指数	0.372 4	0.374 9	0.354 2	0.351 0	0.360 7
城乡之间收入差距：					
城乡居民收入比率	3.19	3.25	2.84	2.90	2.98
平均对数离差组间	0.165 3	0.170 5	0.134 3	0.139 1	0.145 4
%	[40.14]	[41.76]	[34.77]	[36.38]	[36.48]
泰尔指数组间	0.157 0	0.162 1	0.129 5	0.134 2	0.137 0
%	[42.16]	[43.24]	[36.56]	[38.23]	[37.98]

注：[ ]内是组间差距在总差距中的百分比。

4.6 小结

本章在 2007 年 CHIP 住户调查数据的基础上，根据个人外出收入信息和住户层面的家庭成员外出从业收入信息以及劳动力流动背景下家庭成员的不同界定方

① 这里城乡合并的数据只包括那些与农村住户调查数据相同的省份，因此不宜将这里的结果简单地理解为全国收入差距状况。由于数据范围的限制，本章的目的不在于提供农村以及全国收入差距的估计，只讨论相关核算方式对结果可能产生影响。

式，讨论了农村住户外出收入核算的相关选择。结果表明，不同地区在核算农村住户外出收入的过程中，可能采取了不同的核算方式；并且现有的核算实践可能在一定程度上低估了农村居民，特别是农村外出户的人均收入水平，以致在很大程度上造成了外出户人均收入低于非外出户的现象。此外，核算方式的不一致对收入差距的估计也产生一定影响。经过统一调整后，农村内部收入差距略有上升，而城乡之间的收入差距以及城乡合并的收入不均等程度则有所下降，但城乡之间的收入差距在总差距中仍占有较高的比重。总之，在农村住户外出从业收入核算实践中，需要选择统一而合理的核算口径，这项基础性工作对于准确估算农村居民收入水平以及分析收入分配状况都具有重要意义。

当然，本章也可以沿着下面两个方向作进一步拓展。第一，将住户调查中常住人口的定义与人口普查保持一致。2012 年及以前的农村住户调查常住人口的识别标准是居住时间以及与农村家庭在经济和生活上联系的紧密程度，2013 年以后则改为居住时间以及是否分家。因而，农村住户调查中的常住人口概念与人口普查，甚至国际通用的按居住时间来界定“常住人口”的标准并不一致。尽管从学理上讲根据居住时间计算常住人口更科学，但是使用人口普查以及国际通用的“常住人口”可以使得结果更具有可比性。预计使用人口普查及国际通用的“常住人口”概念对收入分配统计的影响与基于居住时间的“常住人口”所得的结果一致。第二，充分考虑在城镇常住的农民工，特别是举家外出农民工。本章使用的农村住户调查不能覆盖全部农民工，特别是已经在城镇常住的农民工，这部分群体也是官方城镇住户调查基本所不能覆盖的。为了更全面地反映城市化对收入分配统计的影响，需要充分考虑在城镇常住的农民工住户的归属及相应常住人口、收入的核算。费舒澜和郭继强(2014)对此作了一定的探索。

5 城市化和农村收入分配

5.1 引言

改革开放以来，农村不平等和贫困状况在发生深刻的变化。虽然农村基尼系数从1978年的0.212 4上升到2012年的0.386 7，但是近年来，尤其是自2003年来，基尼系数增幅较改革开放初期已有大幅减缓[①]。就农村贫困而言，无论使用何种贫困标准线，农村贫困发生率大幅下降的趋势是客观存在的(国家统计局，2011；Chen 和 Ravallion，2004，2008)。若用一人一天一美元作为贫困标准线，并依据新公布的2005年购买力平价来估算，1981—2005年，农村消费贫困率从83.8%下降到15.6%，而收入贫困率则从81.6%下降至10.4%(Chen 和 Ravallion，2008)。农村不平等和贫困的现状及趋势对于农村乃至全国经济社会的和谐稳定具有重要影响。这些变化背后，除了有家庭联产承包制的实施，乡镇企业的兴起和发展，农村税费的不断减轻等可能的影响因素外，农村劳动力外出规模，尤其是向城镇地区转移的规模不断攀升的现象也引了广泛的关注。改革开放初期，农村外出劳动力不到200万人，到2015年已达到1.69亿人(盛来运，2008；国家统计局，2016)。这个趋势今后可能会在相当长的一段时间内保持下去。在这样的背景下，本章将考察城市化过程中的农村劳动力外出从业对农村不平等和贫困的影响。

外出从业与农村不平等和贫困并非只呈现单向的关系。理论上，财富的跨期积累(Shen，Docquier 和 Rapoport，2010)和外出网络的动态变化(Mckenzie 和 Rapoport，2007)使得外出/汇款与来源地不平等呈现倒U型演变关系。而对我国而言，改革开放初期，虽然低收入农村常住户有更强的外出动机，但由于经济资源偏少、外出成本较高，无法外出从业或者外出人数较少。但相对富裕的或技能水平

---

① 1978—2012年农村基尼系数数据见《中国住户调查年鉴2013》。2013年后中国住户调查年鉴只公布全国基尼系数，不再单独发布农村基尼系数。

较高的农村常住户能承担外出成本，更可能派成员外出从业。此时，外出从业是正选择[①]的，结果提高了农村收入不平等，且并未明显地缓解农村贫困。随着发展阶段的提升，低收入户积累的经济资源逐步增多，外出网络逐渐扩大并降低外出成本，从而使得更多的中等收入、甚至低收入户成员外出从业，并从中获得更高的收入。因而，外出从业趋向于负选择，最终降低了农村不平等并缓解了贫困。由于我国巨大的地区差异性，这种非单向的关系也能在空间上得以体现。因此，选择一个时点和地区对于考察外出从业与农村不平等和贫困之间的关系至关重要。在新的历史阶段，尤其是本章使用的数据的调查年份 2008 年，由于外出成本比改革开放，甚至比 21 世纪初已经大幅减少，可以预计的是，就全国范围而言外出从业已经惠及了农村中低收入居民，从而降低农村不平等和贫困。

本章使用"中国城乡劳动力流动课题组"(RUMiC)2007 年在全国九个省份进行的农村住户调查数据验证这个假说。由于不平等和贫困的估计大都基于收入分布，给定已观测到的农村居民收入分布(或者事实分布)，需要构造未发生外出行为时的农村居民收入分布(或者反事实分布)，通过比较反事实和事实收入分布，来考察外出对农村不平等和贫困的影响。本章同时使用两种互补的方法构造反事实分布。第一种是 Zhu 和 Luo(2010)使用的参数估计方法，这种方法考虑到外出从业行为的内生性，但假设家庭收入对数的回归模型是线性参数形式。第二种是 DiNardo，Fortin 和 Lemieux(1996)提出的半参数估计方法。这种方法虽然对家庭收入决定模型的形式不作要求，但是不考虑外出从业行为的内生性。

本章可为理解农村劳动力外出从业对农村不平等和贫困的影响提供了新的证据。已有的关于外出从业对农村收入不平等和贫困影响的经验研究的结果并不一致。就农村收入不平等而言，胡枫(2010)使用 2005 年湖北省的农村住户调查数据得出，农民工外出/汇款扩大了农村家庭的收入不平等状况；李实(1999)和邢春冰(2010)分别使用具有全国代表性 1995 年和 2002 年的 CHIP 农村住户调查数据均发现，农村劳动力的短期流动对农村收入差距几乎没有影响；Zhu 和 Luo(2010)使用 2002 年湖北省山区的一项农村住户调查发现，外出从业使得农村家庭收入基尼系数从 0.538 降至 0.454，降幅高达 15.6%。就农村贫困而言，Du 等(2005) 使用

① Chiquiar and Hanson (2005)详细讨论了跨国迁移的选择性类型。

1997—2001 年的农村贫困监测数据指出，即便外出从业能够提高农村居民平均收入水平，但由于大部分贫困人口不外出，外出从业在缓解贫困上的作用甚微；Zhu 和 Luo(2010)却发现，以 2002 年 850 元作为贫困线，外出从业使得农村贫困发生率从 29.0%下降到 14.3%，下降率高达 50.7%。与小范围调查数据相比，本章使用的数据更具全国代表性。与具有全国代表性的 1995 年和 2002 年 CHIP 相比，本章使用的 2007 年数据则更新，更能反映较新的历史阶段下的情况。与本章比较接近的研究是罗楚亮(2011)使用 2007 年和 2008 年的 RUMiC 调查数据考察了外出对农村贫困的影响。但罗楚亮(2011)关心的参数是外出从业概率变化对陷入贫困可能性的影响，而不是外出从业行为对农村居民收入分布，尤其对基于收入分布的重要参数即不平等和贫困的影响。

本章其他内容安排如下：第二节详细介绍估计和模拟过程，以及使用的变量；第三节说明数据来源并给出描述性统计分析；第四节是回归结果及相应的解释；第五节是本章的小结。

5.2 反事实收入分布估计方法

5.2.1 参数方法

本章以住户作为研究对象，一方面是接受新迁移经济学的理论假设，即迁移行为是家庭决策的结果(Stark 和 Bloom，1985)；另一方面是因为居民收入的核算是以住户为基础的。但考虑到研究的目的是构造居民个人反事实收入分布，并在此基础上估计相应收入不平等和贫困指标值，我们对住户特征或回归模型按照住户规模进行加权处理。借鉴 Zhu 和 Luo (2010)的方法，本章将整个构造反事实的过程分为三个步骤。第一步是估计非外出户人均收入决定方程，它是估计外出户如果不外出时农村人均收入分布的基础。考虑到外出从业行为存在着潜在的内生性，使用 Heckman 选择模型。第二步是模拟外出户在选择不外出时的农村人均收入分布。根据非外出户方程的估计系数、外出户的特征以及随机扰动项的分布结构，模拟出农村居民反事实收入分布。第三步是根据农村居民反事实和事实收入分布估计贫困和不平等指标，并计算它们各自的差额。但由于随机误差的存在，反事实收入分布并非唯一,而贫困和不平等指标值也是随机的。重复模拟多次,并依据模拟的反事实分布以及事实分布构造贫困和不平等指标的平均值和置信区间①。

假设潜在的非外出户人均收入由下列参数回归方程决定

$$\ln y_i^0 = x_i^{\mathrm{T}}\beta_0 + u_i^0 \ , \ s_i = 0 \tag{1}$$

其中,协变量 x_i 包括户主年龄、户主受教育年限、家庭规模、家庭劳动力比重、家庭接受培训比例、健康成员比例等住户人口和就业特征,村的地势特征,以及省份虚拟变量。

外出选择变量 s_i 由隐变量 s_i^* 决定,即

$$\begin{aligned} s_i &= I(s_i^* > 0) \\ s_i^* &= z_i^{\mathrm{T}}\gamma + \varepsilon_i \end{aligned} \tag{2}$$

其中,(u_i^0, ε_i) 独立于 (x_i, z_i),而 x_i 和 z_i 不完全相同。考虑到选择性问题,进一步假设 (u_i^0, ε_i) 服从下如下二元正态分布

$$\begin{pmatrix} u_i^0 \\ \varepsilon_i \end{pmatrix} \sim N\left[\begin{pmatrix} 0 \\ 0 \end{pmatrix}, \begin{pmatrix} \sigma_0^2 \rho_{0\varepsilon}\sigma_0 \\ \rho_{0\varepsilon}\sigma_0 1 \end{pmatrix}\right] \tag{3}$$

其中,$\rho_{0\varepsilon}$ 是 u_i^0 和 ε_i 的自相关系数,σ_0 是 u_i^0 的标准差,而 ε_i 的标准差被标准化为 1。模型(1)到(3)称为 Heckman 选择模型。记 y_{0i}^0 (x_{0i}, z_{0i})和 y_{1i}^1 (x_{1i}, z_{1i})分别是观测到的非外出户的人均收入(可观测解释变量特征)和外出户的人均收入(可观测解释变量特征),记 y_{1i}^0 是观察到的外出户的反事实人均收入。根据模型(1)、(2)和(3)可得

$$\ln y_{0i}^0 = E(\ln y_{0i} \mid x_i, s_i = 0) + v_{0i}^0 = x_{0i}^{\mathrm{T}}\beta_0 - \sigma_0\rho_{0\varepsilon}\lambda_0(z_{0i}^{\mathrm{T}}\gamma) + v_{0i}^0 \ , \tag{4}$$

$$\ln y_{1i}^0 = E(\ln y_{0i} \mid x_i, s_i = 1) + v_{1i}^0 = x_{1i}^{\mathrm{T}}\beta_0 + \sigma_0\rho_{0\varepsilon}\lambda_1(z_{1i}^{\mathrm{T}}\gamma) + v_{1i}^0 \ . \tag{5}$$

其中,逆密尔斯系数 $\lambda_0(\cdot) = \phi(\cdot)/\Phi(\cdot)$, $\lambda_1(\cdot) = \phi(\cdot)/(1-\Phi(\cdot))$, $\phi(\cdot)$ 和 $\Phi(\cdot)$ 分别是标准正态分布密度和累积分布函数;v_{0i}^0 和 v_{1i}^0 均服从均值为零的正态截断分布。显然,如果 u_{0i} 和 s_i 不相关,即 $\rho_{0\varepsilon} = 0$,那么外出从业对其未观测的特征不存在选择性,或不存在内生性。模型(5)还表明,不同特征的外出户的反事实收

① 注意,如果在第三步只使用条件期望预测值来计算不平等指标值,就可能因为遗漏了随机扰动因素的变动而低估了不平等(Barham 和 Boucher,1998)。

入是不同的，进而外出户从外出从业中获得的收益将是异质性的。

为了识别和估计模型(1)到(3)的参数，需要在 z_i 中引入工具变量，即控制其他可观测因素后只通过影响外出从业选择而间接影响人均收入的变量。同大多数研究一样(如 Du 等，2005；胡枫，2010；罗楚亮，2011；等等)，本章使用村级层面的外出网络作为工具变量。外出网络可以降低农村劳动力获取城市生活和就业信息的成本，提高外出从业的可能性，而其与农村居民收入并无直接关系。但是，需要注意的是，村级外出网络可能受到未控制的直接与农村居民收入相关的其他村级特征的影响。

本章使用 Heckman 两步法估计模型(1)到(3)的参数 $(\beta_0, \gamma, \rho_{0\varepsilon}, \sigma_0)$，得到 $(\hat{\beta}_0, \hat{\gamma}, \hat{\rho}_{0\varepsilon}, \hat{\sigma}_0)$ 以及残差 $\hat{v}_{0i}^0$。继而，对于非外出户，按照式(3)二元正态分布特征的估计系数抽取截断分布 v_{1i}^0 的随机数[①]，并根据模型(5)模拟 y_{1i}^0 的分布；对于非外出户，使用观察到的残差 $\hat{v}_{0i}^0$。总共模拟 100 次，得到不平等和贫困指标的估计值。

5.2.2 半参数方法

DFL(1996)方法虽然不假定收入决定模型的形式，进而避免模型设定误差，但是不考虑外出从业的内生性。记 $s_i = 0$ 和 $s_i = 1$ 分别表示非外出户和外出户居民，则外出户人均收入概率密度表达式是

$$g(y_i^0 \mid s_i = 0) = \int g(y_i^0 \mid x_i) f(x_i \mid s_i = 0) \mathrm{d}x_i \,. \tag{6}$$

其中，$f(x_i \mid s_i = 0)$ 是非外出户特征的联合概率密度函数，x_i 也是包括户主年龄、户主受教育年限、家庭规模、劳动力、接受培训、健康状况等住户人口和就业特征，村的地势特征，以及省份虚拟变量等。

假设外出户不外出户时按照非外出户的禀赋价格结构 $g(y_i^0 \mid x_i)$ 和自身禀赋获得报酬，那么外出户的反事实人均收入概率密度为

$$\begin{aligned} g(y_i^0 \mid s_i = 1) &= \int g(y_i^0 \mid x_i) f(x_i \mid s_i = 1) \mathrm{d}x_i \\ &= \int \theta_i g(y_i^0 \mid x_i) f(x_i \mid s_i = 0) \mathrm{d}x_i \,, \end{aligned} \tag{7}$$

① 截断分布随机数的生成使用了 R 软件包 tmvtnorm(Wilhelm 和 Manjunath，2010)，除此以外的其他所有运算操作都在 Stata 11.2 软件商上完成的。

其中，$\theta_i = f(x_i \mid s_i = 1)/f(x_i \mid s_i = 0)$。

通过(7)式可知，外出户反事实人均收入概率密度等于非外出户人均收入概率密度的加权平均值，因而估计反事实人均收入概率分布的关键在于估计 θ_i。显然，根据贝叶斯法则可得

$$f(x_i \mid s_i = 1) = \frac{P(s_i = 1 \mid x_i)f(x_i)}{P(s_i = 0)}, \tag{8}$$

和

$$f(x_i \mid s_i = 0) = \frac{P(s_i = 0 \mid x_i)f(x_i)}{P(s_i = 0)}, \tag{9}$$

进而

$$\theta_i = \frac{P(s_i = 0)}{P(s_i = 1)} \frac{P(s_i = 1 \mid x_i)}{P(s_i = 0 \mid x_i)}. \tag{10}$$

无条件概率 $P(s_i = 0)$ 和 $P(s_i = 1)$ 的估计值分别是非外出户和外出户的比重，且为常数。条件概率 $P(s_i = 0 \mid x_i)$ 和 $P(s_i = 1)$ 可分别通过 probit 或 logit 模型来估计。进而，得到外出户反事实概率密度估计值

$$\hat{g}(y_i^0 \mid s_i = 1) = \sum_{i=1}^{n_0} \frac{\hat{\theta}_i}{n_0 h} K\left(\frac{y_i^0 - y}{h}\right). \tag{11}$$

其中，n_0 是非外出户成员数量，而 $K(\cdot)$ 是核密度函数。利用非外出户的收入 y_i^0 和权重 $\hat{\theta}_i$，我们除了可以估计外出户反事实收入概率密度外，还能通过对非外出户样本重新加权计算反事实收入不平等和贫困。假设非外出户和外出户居民的比重是 $1-d$ 和 d，外出户居民的 θ_i 之和等于 n_0，那么每个非外出户居民 i 的权重将是 $(1-d)/n_0 + d\theta_i$（邢春冰，2010）。如果全部外出户居民的 θ_i 之和不等于 n_0，或者 θ_i/n_0 之和不等于 1，就要将 θ_i 标准化，得到标准化的权重 $\theta_i^* = \theta_i / \sum_{i=1}^{n_0} \theta_i$。最终，非外出户居民 i 的新的权重是 $(1-\mathrm{d})/n_0 + \mathrm{d}\hat{\theta}_i^*$，其中，$\hat{\theta}_i^*$ 是 θ_i^* 的估计值。

5.2.3 收入不平等和贫困的度量

对于不平等的度量，本章使用相对平均离差、变异系数、对数标准差、基尼系数、Mehran 指数、Piesch 指数、Kakwani 指数、Theil 指数、MLD 指数和 Entropy 指数等十种指标。这十个不平等指数都是无标度的，也就是说，如果收入以相同的比

例变动，不平等指标值保持不变。

关于贫困的度量，经验研究常用 Foster、Greer 和 Thorbecke(1984)提出的 FGT 指标，即

$$FGT(\alpha)=\frac{1}{N}\sum_{i=1}^{q}\left(\frac{z-y_i}{z}\right)^{\alpha},\tag{12}$$

其中，N 指总人口规模，q 指贫困人口数，z 指贫困线，而 y_i 是第 i 农村居民的收入。这个指标是通过将落在贫困线以下个体的贫困距 $g_i=z-y_i$ 除以贫困线并调整到指数 α 而得。参数 α 可以理解成贫困厌恶程度：α 越高，贫困厌恶程度越大。$FGT(0)$ 是贫困人头比率（贫困人口占总人口的比率）；$FGT(1)$ 表示平均贫困距，即贫困人口的收入相对贫困线的平均差距；$FGT(2)$ 指平方贫困距，对远离贫困线的贫困户给予较大的权重，而对接近贫困线的贫户赋予较小的权重。这三个贫困指标各自反映了贫困的发生率、深度和严重性(Ravallion,1992)。

5.3 数据说明和描述性统计

本章使用的数据来自“中国城乡劳动力流动课题组”(RUMiC)2008 年农村住户调查。该调查由澳大利亚国立大学(ANU)、北京师范大学(BNU)和德国劳动研究所(IZA)共同主持。调查样本来自国家统计局农村住户调查大样本，抽样方法与国家统计局农村住户调查相同。个体、住户和村级调查问卷由中外课题组成员合作设计，农村居民收支数据来源于调查户的常住人口在家期间的收支日记账，外出从业期间的收支数据通过一次性问卷收集。该抽样调查覆盖河北、江苏、浙江、安徽、河南、湖北、广东、重庆和四川等 9 个省市和 82 个县，包括 8 000 个农户和 31 791 个个体。

该农村住户调查的调查对象是农村常住户，覆盖农村常住户内全部非外出和外出常住人口。因而，农村外出劳动力不包括在城镇已有稳定工作或举家外出的农村劳动力。农村居民收入根据农村家庭纯收入除以家庭规模得到，然后分赋给每个家庭成员。本章将外出户定义为至少有一个外出劳动力的住户，将非外出户定义为没有外出劳动力的住户，其中，外出劳动力指调查年度内在本乡镇地域以外至少从业一个月的劳动力。在本章样本数据中，外出户在全部农村住户中的比重

是41%，而外出户人口在全部人口中占46%。

表5-1给出了主要变量的描述性统计分析。从中可知，外出户人均收入水平高于非外出户，比非外出户多11.8%。从家庭特征看，外出户在男性劳动力比例、户主年龄、家庭接受培训的比例、家庭劳动力比例、家庭健康成员比例[①]上高于非外出户。外出户户主受教育年限总体低于非外出户，更多地集中在小学及以下，而较少地分布在高中及以上文化水平上。外出户的家庭规模高于非外出户，而其人均耕地数量低于非外出户。外出户所在村2005年外出比例高于非外出户，这体现为村级外出网络效应。外出户分布在丘陵、山区村的比例高于非外出户，在平原的比例低于非外出户，这是可能因为地理环境差的地区能够提供的就业机会较少，或者相同禀赋特征所能获得的报酬更低于城镇地区。总之，外出户在某些特征上优于非外出户，但在某些特征上却劣于非外出户。而外出从业行为究竟是正选择，还是负选择，取决于这些特征的相对重要性。

表5-1 描述性统计

项目	非外出户		外出户		全部	
	均值	标准差	均值	标准差	均值	标准差
住户人均收入	6 104	5 282	6 826	4 891	6 414	5 130
男性比例	0.34	0.16	0.39	0.16	0.36	0.16
户主年龄(岁)	50.6	10.6	52.3	9.2	51.3	10.0
户主受教育年限(年)	7.52	2.8	7.25	2.7	7.41	2.76
户主受教育程度						
小学及以下	0.32	0.47	0.34	0.47	0.33	0.47
初中	0.5	0.5	0.5	0.5	0.5	0.5
高中	0.17	0.37	0.16	0.36	0.16	0.37
大专及以上	0.02	0.13	0.01	0.08	0.01	0.11
家庭规模(人)	4.14	1.38	4.97	1.47	4.5	1.48
家庭接受培训比例	0.14	0.24	0.18	0.26	0.15	0.25

① 问卷询问了家庭成员五种健康状况：非常好，好，一般，不好，非常不好。健康成员比例指回答“非常好”或“好”的成员占全部成员的比例。

续表 5-1

项目	非外出户		外出户		全部	
	均值	标准差	均值	标准差	均值	标准差
家庭健康成员比例	0.73	0.34	0.75	0.3	0.74	0.32
家庭劳动力比例	0.62	0.26	0.72	0.21	0.66	0.25
家庭人均耕地数量	1.27	2.1	1.23	1.05	1.26	1.73
2005 年村外出比例	0.15	0.14	0.21	0.19	0.18	0.17
平原村(是=1)	0.47	0.5	0.38	0.48	0.43	0.5
丘陵村(是=1)	0.4	0.49	0.44	0.5	0.41	0.49
山区村(是=1)	0.13	0.34	0.19	0.39	0.16	0.36

注:描述性统计量以个人而非家庭为单位。它们可以看成是家庭均值的加权平均,权重是住户规模(即家庭人口数)。

5.4 外出从业的收入分配效应估计结果

5.4.1 参数模型的估计结果

表 5-2 给出了模型(1)到(3)的 Heckman 两步法估计结果。首先看看外出从业选择模型。外出可能性与户主的年龄呈倒“U”型关系,家庭规模和劳动力比重变量越高的家庭,更有可能派成员外出从业。与小学及以下受教育水平相比,户主具有初中文化水平的住户成为外出户的可能性更高,而户主具有高中文化水平的住户派成员外出的可能性则较低,但它们的系数都不显著。上过大专及以上的户主的住户派成员外出的概率显著低于只有小学及以下水平的户主的住户,一种可能的解释是受教育水平较高的住户由于较大的机会成本而更不可能派成员外出(Schiff,1996)。接受培训的比例增加会提高外出概率,这是因为具有一定专业技能水平的住户更能承担外出成本,也更可能在城市找到好工作。由于健康的农村劳动力不仅更能在城市找到工作,而且照料不健康成员所耗时间也少,健康成员比例系数显著为正。耕地变量系数为负,但由于标准差较大,并不显著,这体现为土地对外出从业影响的较大差异性。2005 年,农业部颁布了《农村土地承包经营权

流转管理办法》。这意味着，在土地使用权可以合法流转的条件下，因外出而减少耕种时间或者不耕种的机会成本会下降。进而，在城镇劳动报酬仍较高的背景下，土地对外出从业的影响在弱化。接着考察收入决定模型。家庭人均收入水平与户主的年龄呈倒“U”型关系。当户主年龄达到46岁时，非外出户人均收入水平达到最高。住户人力资本的改善，如户主受教育程度、家庭受培训比重的增加，或家庭健康人员的减少，有利于提高住户人均收入水平。家庭规模的扩大会导致住户人均收入的下降，而家庭人口中劳动力、耕地面积的增加显著提高了家庭人均收入水平。

表 5-2 非外出户人均收入决定回归模型

项目	Heckman 模型			外出选择方程	
	收入决定方程	外出选择方程			
	非外出户	系数值	边际值	系数值	边际值
家庭男性比例	0.102*	0.632***	0.202***	0.629***	0.204***
	(0.053)	(0.072)	(0.023)	(0.072)	(0.023)
户主年龄	0.011***	0.046***	0.0002	0.046***	0.0001
	(0.002)	(0.007)	(0.0002)	(0.007)	(0.0003)
户主年龄平方/100	−0.010***	−0.044***	—	−0.044***	
	(0.002)	(0.006)	—	(0.006)	
户主教育水平：初中	0.096***	0.019	0.006	0.015	0.005
	(0.013)	(0.019)	(0.006)	(0.018)	(0.006)
高中	0.213***	−0.010	−0.003	−0.017	−0.005
	(0.017)	(0.025)	(0.008)	(0.025)	(0.008)
大专及以上	0.373***	−0.439***	−0.133***	−0.451***	−0.139***
	(0.043)	(0.078)	(0.022)	(0.078)	(0.022)
家庭规模	−0.102***	0.310***	0.099***	0.318***	0.103***
	(0.008)	(0.007)	(0.002)	(0.007)	(0.002)
家庭受培训成员比例	0.373***	0.137***	−0.044***	0.169***	0.055***
	(0.024)	(0.033)	(0.011)	(0.033)	(0.011)

续表 5-2

项目	Heckman 模型			外出选择方程	
	收入决定方程	外出选择方程			
	非外出户	系数值	边际值	系数值	边际值
家庭健康成员比例	0.190***	0.061**	0.019**	0.043*	0.014***
	(0.017)	(0.026)	(0.008)	(0.025)	(0.008)
家庭劳动力比例	0.303***	1.192***	0.381***	1.230***	0.400***
	(0.039)	(0.050)	(0.016)	(0.050)	(0.016)
家庭人均耕地面积	0.023***	−0.004	−0.001	−0.001	−0.0004
	(0.003)	(0.007)	(0.002)	(0.005)	(0.002)
2005 年村外出务工比例	—	1.314***	0.420***	—	—
	—	(0.059)	(0.028)	—	—
地势	已控制	已控制	已控制	已控制	已控制
省份	已控制	已控制	已控制	已控制	已控制
截距项	7.867***	−4.792***	—	—	—
	(0.088)	(0.175)	—	—	—
lamda	−0.029	—	—	—	—
	(0.040)	—	—	—	—
个人样本量	13 329	31 038	31 038	31 038	31 038
住户样本量	2 958	7 819	7 819	7 819	7 819

注：括号内的数是标准差；***、** 和 * 分别表示在 1%、5% 和 10% 水平上显著；户主受教育水平的参照组是小学及以下；第 5 列所示的外出从业概率边际值依赖于解释变量的取值，在此连续解释变量取均值，分类变量取参照组的值。

5.4.2 反事实分布的估计结果

下面将给出外出户反事实收入核密度分布的参数和半参数估计结果，以及其与外出户和非外出户事实收入核密度分布的差异。图 5-1 给出了参数方法的估计结果。从图 5-1(a)可见,相对于非外出户事实和外出户非事实收入分布,外出户事实收入分布右偏,而更为突出的是,其峰度明显比较高。可能的解释有两个:一是,外出户收入以工资性收入为主,而非外出户收入以经营性收入,尤其以农业经营收入为主,由于工资性收入风险比经营性收入风险低,外出户收入分布会相对集中;二是,农民工劳动力市场一体化程度较高,不同农户外出务工收入差距非常低(王建国和李实,2012)。从图 5-1(a)还可见,除了左右尾端收入值外,外出户反事实收入分布相对于非外出户事实收入分布右移。从图 5-1(b)可知,外出户反事实和非外出户事实收入密度之差在中低收入上为正,但中高收入上为负,进而表明外出户的外出从业行为是负选择的。因此,可以预计外出从业降低农村收入差距,并减缓农村居民贫困状况。半参数方法的估计结果见图 5-2。尽管外出从业的负选择性有所减弱,但依然很明显。

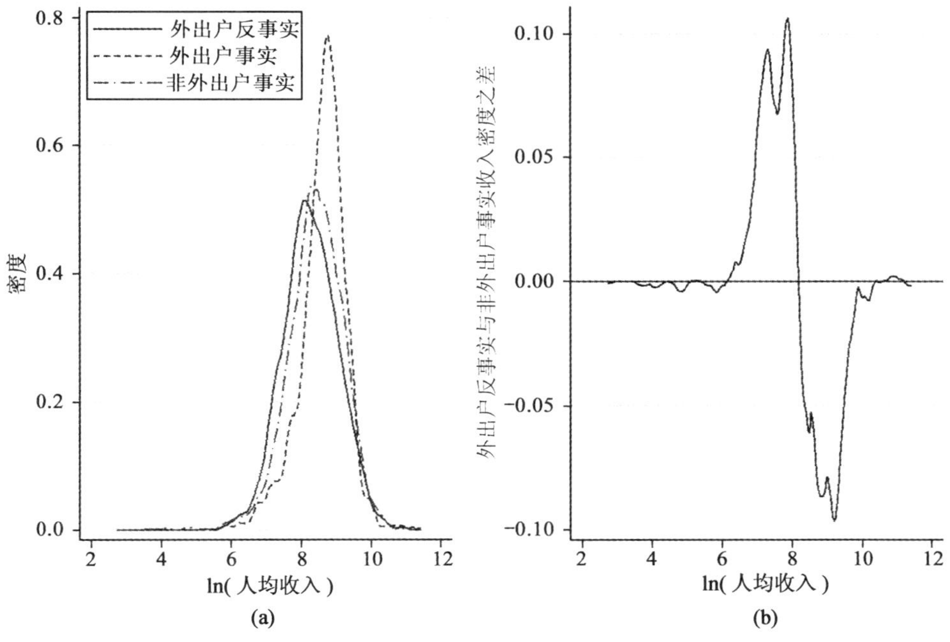

图 5-1　参数估计方法结果

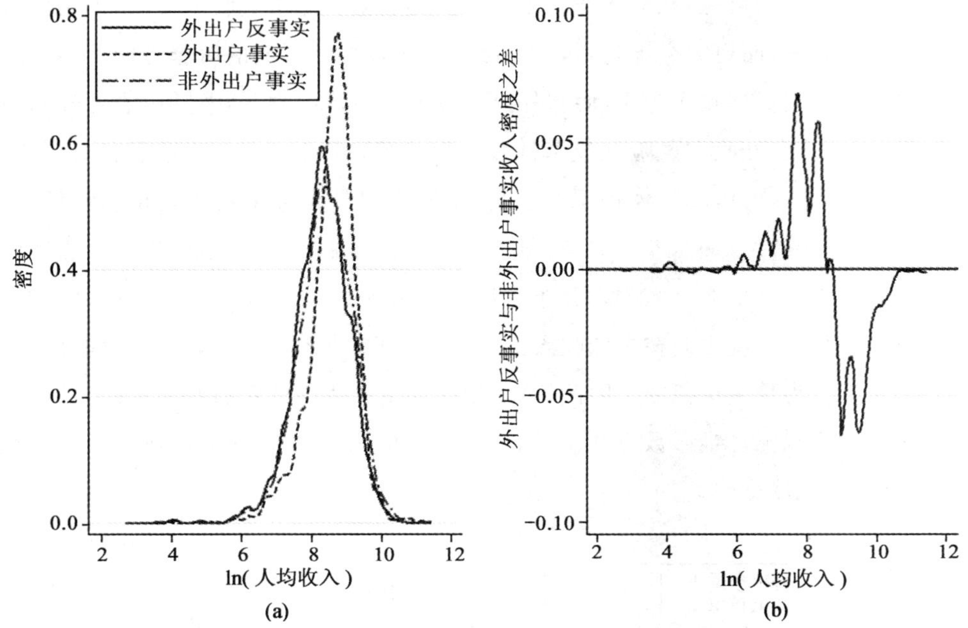

图 5-2　半参数方法估计结果

5.4.3　外出从业对收入不平等和贫困的影响

为了准确估计外出的收入不平等和贫困效应，需要计算衡量收入不平等和贫困的指标值，并比较这些指标值在外出前后的变化值。表 5-3 第 1～3 列给出了参数方法的估计结果，第 4～6 列给出了半参数方法的估计结果。首先看反事实和事实人均收入水平的差异。根据参数和半参数方法得到的反事实人均收入分别是 5 907 元和 5 809 元，都低于事实的 6 414 元人均收入。这表明，外出从业提高了农村居民收入水平。其次，无论使用参数方法，还是半参数方法，十种不平等指标值都一致显示，事实的收入不平等程度都低于反事实的收入不平等。以常用的基尼系数为例，参数估计方法得到的反事实基尼系数是 0.409 4，而事实的基尼系数只有 0.369 4，后者比前者减少 3.98 个百分点。尽管半参数估计方法的结果低于参数估计方法，但其所反映的外出从业降低收入差距的幅度也达到了 2.51 个百分点。表 5-4 第 1～4 列、第 5～8 列分别给出了四种贫困线下反事实收入贫困的参数和半参数估计结果,以及与事实收入贫困估计值的差额。总体来看,事实收入分布的 *FGT*(0)、*FGT*(1) 和 *FGT*(2) 都低于相应的反事实收入分布贫困指标值。以参数方法的估计结果看,如果使用 2008 年的国家贫困线 1 196/(人·年),事实的 *FGT*(0)、*FGT*(1) 和 *FGT*(2) 分别是 3.92%、1.36%和 0.72%,比相应的反事实 *FGT*(0)、*FGT*(1) 和 *FGT*(2) 减少了 1.12%、0.22%和 0.05%。Zhu 和 Luo(2010)的研究结果显示,在 2002 年的贫困标准线 890 元/(人·年)下,即 2008 年的 1 103 元/(人·年),农村住户劳动力外出从业使得农村基尼系数从 0.538 降为 0.454,使得 *FGT*(0)、*FGT*(1) 和 *FGT*(2) 分别从 29%减至 14.3%,从 12.9%降至 5.6%,从 7.5%减少到 3.1%。显然,本章所示的外出降低收入不平等和缓解贫困的效应比 Zhu 和 Luo(2010)的研究结果低。主要原因是 Zhu 和 Luo(2010)使用的是 2002 年湖北山区的数据。由于山区的劳动生产率偏低,外出给这个山区的中等及以下农户,尤其是低收入户带来的收入增长效应更高。

表 5-3 外出务工对农村居民收入差距的影响

不平等指标	参数估计方法			半参数估计方法		
	反事实(1)	事实(2)	(2)−(1)	反事实(3)	事实(4)	(4)−(3)
均值	5 907	6 414	508	5 809	6 414	605
相对平均离差	0.296 0	0.261 6	−0.034 4	0.284 3	0.261 6	−0.022 7
变异系数	0.891 8	0.799 8	−0.092 0	0.847 0	0.799 8	−0.047 2
对数标准差	0.796 3	0.756 5	−0.039 8	0.792 0	0.756 5	−0.035 5
基尼系数	0.409 4	0.369 4	−0.040 0	0.394 6	0.369 4	−0.025 1
Mehran 指数	0.543 3	0.501 7	−0.041 6	0.528 1	0.501 7	−0.026 4
Piesch 指数	0.342 4	0.303 3	−0.039 1	0.327 8	0.303 3	−0.024 5
Kakwani 指数	0.144 7	0.120 8	−0.023 9	0.135 4	0.120 8	−0.014 6
Theil 指数[GE(1)]	0.290 4	0.238 9	−0.051 5	0.268 4	0.238 9	−0.029 5
MLD 指数[GE(0)]	0.299 4	0.254 4	−0.045 0	0.283 7	0.254 4	−0.029 4
Entropy 指数[GE(−1)]	0.507 9	0.477 8	−0.030 1	0.539 9	0.477 8	−0.062 1

表 5-4　外出务工的减贫效应

贫困标准线[元/(人·年)]	参数估计方法				半参数估计方法			
	(1)	(2)	(3)	(4)	(5)	(6)	(7)	(8)
	1 081	1 196	1 439	2 158	1 081	1 196	1 439	2 158
反事实(a)								
FGT(0)	0.040 6	0.050 4	0.078 5	0.176 6	0.041 6	0.049 5	0.075 8	0.164 2
FGT(1)	0.012 7	0.015 8	0.023 9	0.057 5	0.014 9	0.017 7	0.025 1	0.055 3
FGT(2)	0.006 2	0.007 7	0.011 4	0.027 7	0.008 1	0.009 6	0.013 2	0.028 2
事实(b)								
FGT(0)	0.032 1	0.039 2	0.059 2	0.126 2	0.032 1	0.039 2	0.059 2	0.126 2
FGT(1)	0.011 2	0.013 6	0.019 5	0.042 8	0.011 2	0.013 6	0.019 5	0.042 8
FGT(2)	0.006 0	0.007 2	0.010 0	0.021 8	0.006 0	0.007 2	0.010 0	0.021 8
幅度(b-a)：								
FGT(0)	−0.008 5	−0.011 2	−0.019 2	−0.050 4	−0.009 5	−0.010 3	−0.016 6	−0.038 0
FGT(1)	−0.001 4	−0.002 2	−0.004 4	−0.014 6	−0.003 7	−0.004 2	−0.005 6	−0.012 5
FGT(2)	−0.000 2	−0.000 5	−0.001 4	−0.005 9	−0.002 1	−0.002 5	−0.003 2	−0.006 4

注：贫困标准线(1)、(2)、(3)和(4)分别是 2002 年国家低收入线(2002 年价：872 元)、2008 年调整后的国家贫困线、1 美元/人日贫困线(新 PPP)、1.5 美元/人日贫困线(新 PPP)，其中，新 PPP 是 2005 年的 3.46 元/美元；各年份的贫困线按照农村消费价格指数折算到 2008 年。

5.5　小结

本章基于 2007 年“中国城乡劳动力流动课题组(RUMiC)”数据，同时使用参数和半参数估计方法，考察了城市化对农村收入分配的影响。结果发现，农村住户劳动力的外出从业是负选择的，即他们如果不外出将集中在农村收入分布的中低端；最终，外出从业缩小了农村不平等程度，缓解了农村贫困状况，即使使用多种不平等指标以及多种贫困标准线下的 FGT(Foster，Greer 和 Thorbecke，1984)贫困指数，这个结论也是稳健的。

本章的发现意味着，外出从业不仅提高了农村居民收入水平，而且由外出从业带来的收入增长已惠及到了各收入层次的居民，尤其是低收入户居民。尽管现阶段外出从业对农村地区有着积极作用，但尚有进一步开发和改善的潜力。Knight，Deng 和 Li(2010)发现，由于就业、住房和公共服务等方面不合理制度性限制的存在，尽管近年来农民工工资大幅上涨，农村地区实际上仍有大量剩余劳动力。因此，为了充分发挥外出从业的资源配置功能，就要不断减弱并最终根除这些制度性障碍。

本章还存在深入研究的地方。正如引言已指出，在农村住户调查中，农村住户外出劳动力不包括在城镇已有稳定工作或举家外出的农村户籍劳动力。这部分农村户籍劳动力的收入和消费是不计入农村住户收入和消费中的，因而他们的外出从业导致了农村样本的减少。此外，他们的特征与本章考察的农村住户外出劳动力可能有一定差异。因此，可以预计的是，这部分人的外出从业对农村不平等和贫困的影响与本章的考察的对象有所不同。这将是本章需要进一步深入研究的地方。

6 城市化、市场化和劳动收入占比[①]

6.1 引言

改革开放后，中国最重要的促进经济增长的动力是走市场化道路，这在学界已达成共识。正是选择了这一道路，中国获得了长期的经济快速增长，目前已成为世界第二大经济体。然而，随着市场化改革的不断推进，中国的劳动收入占比却不断下降（李稻葵等，2009；罗长远、张军，2009），这说明劳动者并未充分享受到市场化改革的丰硕成果。由此可见，作为促进经济增长的重要动力，市场化改革激发了效率，却有失公平。十八大报告指出，要“使发展成果更多更公平惠及全体人民，朝着共同富裕方向稳步前进”。因此，中国下一轮的经济增长不能仅仅依靠市场化改革，而是在这基础上探寻另一个既能激发效率又能实现公平的重要动力。对此，国务院总理李克强指明了未来经济增长的动力，他说：“展望未来，城镇化是我国经济增长的巨大引擎。”目前，中国城市化已达约 53.73%，处于快速城市化阶段，在这种人类史上规模最大的城市化过程中随着越来越多的农村劳动力向城市转移，如果劳动收入占比下降的趋势继续下去，受到影响最大的便是这些转移到城市的农村劳动力，城市贫困问题将会日益凸显。那么，该如何充分利用城市化和市场化这两个动力，在促进经济稳定增长的同时还能扭转劳动收入占比业已恶化的不利局面，并使之得到逐步提高？为此，本章将重点研究城市化过程中市场化对劳动收入占比演变影响的内在机制，深入解析城市化、市场化与劳动收入占比演变三者之间的逻辑关系。

---

① 感谢南京审计大学经济与贸易学院张松林副教授对本章所做的重要贡献。

6.2 劳动收入占比文献述评

关于劳动收入占比演变的早期研究基于新古典经济学框架，把劳动收入占比与资本产出比联系起来（罗长远、张军，2009）。在这方面，Kaldor（1961）指出，经济处于均衡状态时，劳动收入占比趋于稳定，即所谓的“卡尔多事实”。“卡尔多事实”自提出以来在学界就一直争论不休。但相对来说，“卡尔多事实”更加适合发达国家的情形，如新近研究（Krueger，1999；Bentolina、Saint-Paul，2003）表明，“卡尔多事实”在美国和英国基本成立。具体到发展中国家，许多研究（如 Harrison，2005；Shastri，Murthy，2005）都认为，其劳动收入占比呈现下降趋势。

与发达国家不同，发展中国家具有一个最基本的特点：二元经济结构下无限的农村剩余劳动力供给。龚刚、杨光（2010）指出，从这一最基本的特点入手来研究劳动收入占比演变问题是一个很有用的视角。实际上，许多文献已意识到这一特点，如李稻葵（2009）；姜磊、郭玉清（2012）；等。这些文献虽基于二元经济结构背景对劳动收入占比演变问题进行深入研究，但其忽视了微观主体的决策行为及他们之间经济行为的相互作用，即缺乏微观基础。然而，相对于发达国家，发展中国家劳动收入占比演变具有自身特征（Kabaca，2011）。对此，伍山林（2011）认为，造成这一情形的可能因素在于微观层面。目前从微观层面来研究劳动收入占比演变的文献主要有两类：一类以劳资谈判能力作为切入点（如 Blanchard，1997；Blanchard、Giavazzi，2003），另一类以劳动力异质性和企业异质性作为切入点（如 Azmat 等，2007；Decreuse、Maarek，2008；Arpaia 等，2009；伍山林，2011）。与发达国家相比，现有文献赋予发展中国家更强的异质性来构建劳动收入占比演变的微观基础（伍山林，2011），这样处理显然对二元经济结构转化重视不够。发展中国家经济发展的过程也是二元经济结构转化的过程，因此，以二元经济结构转化作为逻辑思路从微观层面来研究劳动收入占比演变问题应该是学界接下来进行研究的一个重要方向。目前已有文献意识到这一点，如张松林等（2014）基于新兴古典经济学的微观框架研究了二元经济结构转化过程中劳动收入占比演变规律。其研究为这一研究方向打开了一扇门，我们可以沿着其的研究思路进一步考察二元经济结构转化过程中农业现代化、工业化及城市化等对劳动收入占比演变的影响。

对于发展中国家来说，另一个最基本的特点是经济发展过程中一直伴随着市场化，这一点在中国特别明显，因此，市场化改革必然影响城市化过程中微观主体的决策行为，进而影响他们的劳动收入。目前研究市场化对劳动收入占比演变影响的文献主要从民营化或私有化的角度来展开具体研究。例如，Azmata 等(2007)等对 OECD 国家的研究发现，这些国家的私有化，特别是网络行业的私有化，导致了劳动收入占比的下降。罗长远、张军(2009)研究表明，民营化可能通过改变劳动和资本在收入分配上的“话语权”来影响劳动收入占比的演变，并指出，20 世纪 90 年代中期后国有企业战略性退出使民营化加速，使得传统体制下“工资侵蚀利润”的状况被扭转，从而对劳动收入占比不利。张杰等(2012)的研究认为，中国市场化导向的改革使民营企业迅速发展壮大，而民营企业是造成制造业部门中劳动收入占比偏低和增长乏力的重要因素之一。上述研究有利于我们深入理解市场化对劳动收入占比演变的影响，但其仅仅停留在实证分析层面，并未提供一个统一的理论分析框架。

综上分析可知，对于发展中国家来说，研究劳动收入占比演变规律时有两个因素需要重点考虑，一是二元经济结构转化，二是市场化，并将此纳入统一的微观模型框架。然而，目前这方面的研究文献非常鲜见。当然，二元经济结构转化本身就是一个比较大的研究课题，其包括农业现代化、工业化及城市化等，本章并不打算考虑这么多因素。为了简便，同时更加聚焦本章的研究目标，本章将试图构建一个统一的同时纳入城市化与市场化来解析劳动收入占比演变规律的微观模型框架，着重阐释城市化过程中市场化对劳动收入占比演变的具体影响及其形成机制。

6.3 理论模型分析

6.3.1 模型设定[①]

本章模型以张松林等(2014)的模型为基础，这里只进行细微修正，并把城市化纳入模型中。模型设定思路以农村劳动力(包括农村剩余劳动力)向城市转移(进

① 在不作出说明的情况下，模型设定主要参考新兴古典经济学的相关基础模型，这些模型的具体建模技术可参见杨小凯(1998，2003)。

入城市的工厂工作)来展开,微观主体在这过程中的决策为:对于农村劳动力来说,需要决定是否向城市转移,同时在向城市转移过程中需要决定以何种方式向城市转移,选择兼业方式还是全职方式;对于城市厂商来说,需要决定以何种方式来招聘农村劳动力,同时还要决定招聘多少农村劳动力。根据本章的研究目的,模型考虑的因素包括:①城市化。农村劳动力向城市转移的过程就是城市化的过程,也可被看作分工结构演进的过程,而分工结构的演进路径由农村劳动力和城市厂商之间的相互决策来确定。②市场化。由新兴古典经济学的基础模型可知,交易效率是影响分工结构演变的核心变量[①],而交易效率的高低由市场化水平决定,即市场化水平的提高表明交易效率随之提高。③农村劳动力和城市厂商之间在劳动市场上的"谈判能力"。目前已有文献从劳资谈判能力的角度来研究劳动收入占比问题,如 Blanchard 和 Giavazzi(2003)、Bental 和 Demougin(2010)等。根据这类文献的研究思路,本章也把微观主体的谈判能力纳入理论模型。在本章模型中,均衡分工结构由农村劳动力和城市厂商的决策决定,而他们的决策行为直接受限于他们在劳动市场上的"谈判能力"。

基于以上模型思路及本章研究目的,考虑一个拥有城市和农村的经济体,其中有两种产品供经济主体生产和消费,一种为农产品 x,一种为非农产品 y(y 的生产需要投入一种中间产品或生产环节 z)。所有的经济主体既是生产者又是消费者(都需要消费农产品 x 和非农产品 y),可以表述为生产者一消费者。假定城市内的经济主体是城市厂商(也为消费者),其总量为 M。城市厂商只生产非农产品 y。由于本章的研究背景集中在农村劳动力转移之上,所以假定城市厂商雇佣农村劳动力来从事 z 的生产。在劳动市场中,如果存在农村剩余劳动力,那么城市厂商在劳动市场上的"谈判能力"比农村劳动力更强(当然,一些制度安排也会影响他们之间的"谈判能力",如户籍制度就降低了农村劳动力的"谈判能力")。在他们两者之间,谁的"谈判能力"更强,谁的决策行为直接决定一般均衡分工结构的出现。设定 z 的生产函数为:

$$z^p = \mathrm{Max}\{0, L_z - c\} \tag{1}$$

农产品 x 和非农产品 y 的生产函数参考 Cheng 和 Zhang(2006)的设定形式,

① 相关基础模型可见杨小凯(1998)。

分别设为：

$$x^p = x^A + x^s = bL_x \ ; \ y^p = y^A + y^s = a\,(z^p)^\beta L_y{}^{1-\beta} \tag{2}$$

在这三个式子中，z^p、x^p 和 y^p 分别表示 z、x 和 y 的生产量，L_z、L_x 和 L_y 分别表示 z、x 和 y 在生产过程中投入的劳动量，x^A 表示农产品自给量，x^s 表示农产品供给量，y^A 表示非农产品自给量，y^s 表示非农产品供给量，b 和 a（都为正数）分别表示农产品和非农产品的生产率，$c\,[\,c \in (0,1)\,]$表示从事 z 生产时的固定学习成本。假定每个经济主体（包括城市厂商）的劳动禀赋为 1。为了简便又不失一般性，令 $\beta = 1/2$。经济主体的预算约束如下：

$$p_x(x^s - x^d) + p_y(y^s - y^d) = 0 \tag{3}$$

其中，x^d 和 y^d 分别表示农产品 x 和非农产品 y 的购买量，p_x 和 p_y 分别表示农产品 x 和非农产品 y 的市场价格。假定农村中的经济主体总量为 N，且所有经济主体都是同质的。根据本章研究目的，我们重点考虑以下几种微观主体：第一种为 xy，表示在农村中自给自足农产品 x 和非农产品 y，根据杨小凯（2003）的研究①，这类经济主体可被看作是农村剩余劳动力；第二种为 x/y，表示在农村中专业生产农产品 x，并在市场上供给农产品 x 以购买非农产品，这类经济主体可被看作是“专业农民”；第三种为 L_z/xy，表示进入城市厂商的工厂工作以获得工资，从而在市场上购买农产品 x 和非农产品 y，这类经济主体可被看作是“全职工人”②；第四种为 xL_z/y，表示自给自足农产品，同时进入城市厂商的工厂生产 z 并获得工资，从而从市场上购买 y，这类经济主体可被看作是“兼业农民”③；第五种为 y/xL_z，表示生产非农产品 y，但雇佣农村劳动力生产 z，并从市场上购买农产品 x，即表示城市中的厂商。所有经济主体的效用函数设为：

$$U = (x^A + kx^d)(y^A + ky^d) \tag{4}$$

用 $1-k\,[\,k \in (0,1)\,]$表示产品市场中出售商品时所产生的单位交易成本，则

---

① 杨小凯（2003）指出，那些自给自足的经济主体看起来像失业，因为他们不能在市场上找到工作。

② 这类经济主体已完全从农业中分离出来，成为真正的市民，本章将这种农业人口转变为市民的过程称为“完全城市化”。

③ 这类经济主体并未完全从农业中分离出来，没有成为真正的市民，在城市化过程中仅仅处于不完全城市化状态中，本章将这种农业人口向城市转移的过程称为“不完全城市化”。

k 为这一交易过程的交易效率。因此,农产品的买方实际所得到的购买量为 kx^d ,非农产品的买方实际所得到的购买量为 ky^d。为了简便而不失一般性,同样设劳动市场交易效率也为 k。

6.3.2 模型求解

经济体中总共有 5 种经济主体,其中农村中有 4 种,城市中有 1 种,分别为 xy、x/y、L_z/xy、xL_z/y 和 y/xL_z。下面根据模型设定来求解这几种经济主体的具体决策结果。其中,经济主体 xy 的决策①为:

$$\begin{aligned} &\mathrm{Max} U_{xy} = x^A y^A \\ &s.t.\ y^p = a\,(z^p)^{\frac{1}{2}} L_y^{\frac{1}{2}} \\ &x^p = bL_x \\ &z^p = \mathrm{Max}\{0, L_z - c\} \\ &L_x + L_y + L_z = 1 \end{aligned} \tag{5}$$

据此可求得经济主体的均衡效用:

$$U_{xy} = ab\left(\frac{c}{2} - \frac{1}{2}\right)\left(\frac{c}{4} - \frac{1}{4}\right) \tag{6}$$

同样可求出经济主体 x/y 的决策均衡解:x 的供给量;y 的需求量;经济主体的效用:

$$x^s = \frac{1}{2b}\ ;\ y^d = \frac{bp_x}{2p_y}\ ;\ U_{x/y} = \frac{kb^2 p_x}{4p_y} \tag{7}$$

分别令 L_z^s 为经济主体在劳动市场中的劳动供给量,L_z^d 为劳动需求量,w 为工资率,则可求出经济主体 L_z/xy、xL_z/y 和 y/xL_z 的决策均衡解分别为:

$$x^d = \frac{w}{2p_x}\ ;\ y^d = \frac{w}{2p_y}\ ;\ U_{L_z/xy} = \frac{k^2 w^2}{4p_x p_y} \tag{8}$$

$$L_z^s = \frac{1}{2}\ ;\ y^d = \frac{w}{2p_y}\ ;\ U_{xL_z/y} = \frac{bkw}{4p_y} \tag{9}$$

---

① 所有经济主体的具体决策都是这样得到的,下文不再给出其他经济主体的具体决策。

$$L_z{}^d = \frac{w^2c + \frac{1}{4}p_y^2k^2a^2}{w^2k}, \quad y^A = \frac{\left(\frac{1}{8}p_y^2k^2a^2 - \frac{1}{2}w^2c\right)}{wp_yk}; \quad y^s = \frac{\frac{3}{8}p_y^2k^2a^2 + \frac{1}{2}w^2c}{wp_yk},$$

$$x^d = \frac{\frac{1}{8}a^2p_y^2k^2 - \frac{1}{2}w^2c}{wp_xk}; \quad U_{y/xL_z} = \frac{k_g\ (4w^2c - p_y^2k^2a^2)^2}{64w^2p_xk^2p_y} \tag{10}$$

5种经济主体的决策可形成许多种分工结构，根据文定理[①]及张松林等(2014)，并结合本章的研究重点，下文将选择以下两种分工结构展开研究：①结构A，该结构包括的经济主体有xy、x/y、xL_z/y和y/xL_z；②结构B，该结构包括的经济主体有x/y、L_z/xy和y/xL_z。已知xL_z/y属于"兼业农民"，而L_z/xy属于"全职工人"，因此结构A中的城市化属于"不完全城市化"，结构B中的城市化属于"完全城市化"。为了具体地解析微观主体的经济行为，接下来将运用MATLAB7.0软件进行数值模拟。由于本章重点研究市场化对劳动收入占比演变的影响，而市场化水平的高低就代表着市场交易效率的高低，同时交易效率还是影响分工结构演变的核心变量，所以在数值模拟过程中，重点解析市场交易效率对微观主体经济行为的影响。相关参数赋值如下：$a = 5$，$b = 2$，$c = \frac{4}{5}$，$N = 1\ 000$，$M = 100$[②]。下面首先求出两种分工结构中各种经济主体的均衡效用[③]。

(1)结构A。在结构A中，由于农村中所有经济主体是同质的，所以其中的三种经济主体必定获得相等的均衡效用，即$U_{xy} = U_{xL_z/y} = U_{x/y} = ab\left(\frac{c}{2} - \frac{1}{2}\right)\left(\frac{c}{4} - \frac{1}{4}\right)$。

根据上文求得的各种间接效用函数，由$U_{xL_z/y} = U_{x/y}$和$U_{xy} = U_{x/y}$可求出：

① 文定理可表述为：最优决策不会卖一种以上的产品，不会同时卖和买同种产品，不会买和生产同种产品。该定理的具体证明过程见杨小凯(2003)。

② 赋值依据以下原则：一是考虑理论上参数本身的属性，如固定成本c介于0到1之间，那么c的取值必须在0和1之间；二是考虑现实中的具体情况，如一般而言，在发展中国家，非农产品比农产品的生产率要大，那么在设定b和a的值时赋予b更小的值。另外，借鉴陈良文和杨开忠(2007)在数值模拟中的参数赋值方法，这里M和N的赋值只是相对的数值，并不代表绝对值的含义，但这并不影响本章分析的基本结论。为了保证可比性，这些参数的赋值在接下来所有的数值模拟过程中都不变。

③ 所有结构的求解方法相同，具体求解方法如下：在上文求出的各种经济主体的决策均衡解的基础上，利用效用均等条件(事前同质的经济主体获得的均衡效用必定相等)和市场出清条件(包括产品市场和劳动市场)来求解均衡效用。每种结构只给出重要均衡解的表达式，具体的计算过程不再赘述。

$$p_x = \frac{w}{b}\ ;\ p_y = \frac{2kw}{a(1-2c+c^2)} \tag{11}$$

把(11)式及相关参数的取值代入城市厂商的间接效用函数,可求得其均衡效用为:

$$U_{y/xL_z} = \frac{1}{500}\frac{(3\,125k^4-4)^2}{k^2} \tag{12}$$

(2)结构 B。根据效用均等条件(这里是 $U_{x/y}=U_{L_z/xy}$)和市场出清条件求得城市厂商和农村经济主体的均衡效用分别为:

$$U_{y/xL_z} = \frac{\frac{\sqrt{10}}{10}(25k^{3/2}-4\sqrt{k}-4)^2}{\sqrt{(25k-2)}\,(k+2\sqrt{k})^{3/2}}\ ;\ U_{x/y}=U_{L_z/xy}=\frac{\frac{5\sqrt{10}}{8}(\sqrt{k}+2)^{1/2}}{k^{-9/4}\sqrt{(25k-2)}} \tag{13}$$

6.3.3　模型分析

对于每个经济主体来说,他们的行为目标都是选择最优的分工结构,以获得最大均衡效用。下面将按照这一思路运用数值模拟方法来分析微观主体的经济行为。已知市场交易效率介于 0 和 1 之间,同时考虑到现实中市场交易效率不会过小,因为过小的交易效率导致市场难以运行,另外,对于正在进行市场化改革的发展中国家来说,其市场交易效率也不会太高,因此,在数值模拟过程中设定市场交易效率介于 0.2 和 0.8 之间。对于农村劳动力和城市厂商来说,在上述两种分工结构中,哪种能给自己带来最大均衡效用,他们将选择哪种分工结构。因此,通过比较他们在这两种分工结构中的均衡效用,可得到如下表所示的农村劳动力和城市厂商分别对两种分工结构的具体决策(表 6-1)。[①]

表 6-1　农村劳动力和城市厂商对分工结构的具体决策

	k 的取值范围	农村劳动力具体决策	城市厂商具体决策
分工结构	$0.20<k<0.23$	A	—
	$0.23<k<0.80$	B	—
	$0.25<k<0.80$	—	A

① 哪种分工结构给他们带来的均衡效用更大,他们会选择哪种分工结构。

由上表可知，当 k 的取值足够小（即小于 0.23）时，农村劳动力选择结构 A；当 k 的取值足够大（即大于 0.23）时，农村劳动力选择结构 B。已知结构 A 存在农村剩余劳动力和"兼业农民"，而结构 B 既无农村剩余劳动力也无"兼业农民"，且在农村中的劳动力全部转变为"专业农民"，同时转移到城市工作的经济主体也变为"全职工人"。由此可见，对于农村劳动力来说，当交易效率足够小时，他们有动力转变为"兼业农民"，从而形成"不完全城市化"；只有随着交易效率不断提高并大于某一临界值时，他们才有动力转变为"全职工人"，以实现"完全城市化"。

对于城市厂商来说，只要 k 取值大于 0.25，其就会选择结构 A，这意味着随着市场化改革的推进，交易效率不管怎么提高，只要交易效率大于 0.25，城市厂商都只选择结构 A，说明城市厂商在市场化改革的过程中更加倾向于招聘"兼业农民"，从而导致"不完全城市化"。

接着计算结构 A 和 B 两种结构中劳动收入占比的具体表达式。本章把劳动收入占比定义为工资总额与国内生产总值之比。国内生产总值根据宏观经济学中的一般定义[①]来计算。已知两种结构中最终在市场中进行交易的产品包括产品 x 和 y，因此两种结构的国内生产总值都是这两种产品的市场价格与市场交易量乘积之和。据此利用上文相应的均衡解可求得两种结构的劳动收入占比分别为：

$$R_A = \frac{1}{6\ 250}\frac{4 + 3\ 125k^4}{k^4}\ ;\ R_B = \frac{2\sqrt{k}\,(4 + 25k^{3/2})}{125k^2 - 8k + 4\sqrt{k}} \tag{14}$$

根据两种结构的劳动收入占比表达式和表 6-1，通过数值模拟得到农村劳动力与城市厂商在劳动市场中分别具有绝对优势的"谈判能力"时劳动收入占比的演变过程（图 6-1）。图中横轴和纵轴分别表示市场交易效率和劳动收入占比。其中，三角线和点线为农村劳动力在劳动市场中具有绝对优势的"谈判能力"时劳动收入占比演变路径，在此过程中农村劳动力先选择结构 A，随着市场化的推进最终选择结构 B；实线为城市厂商在劳动市场中具有绝对优势的"谈判能力"时劳动收入占比演变路径，在此过程中城市厂商始终选择结构 A。由图 6-1 可知，总体上看，城市化过程中劳动收入占比随着交易效率的提高而下降，说明市场化在城市化过程中对劳动收入占比产生负效应。

① 宏观经济学中把国内生产总值定义为特定时期内一国境内所生产的最终产品和服务的市场价值。

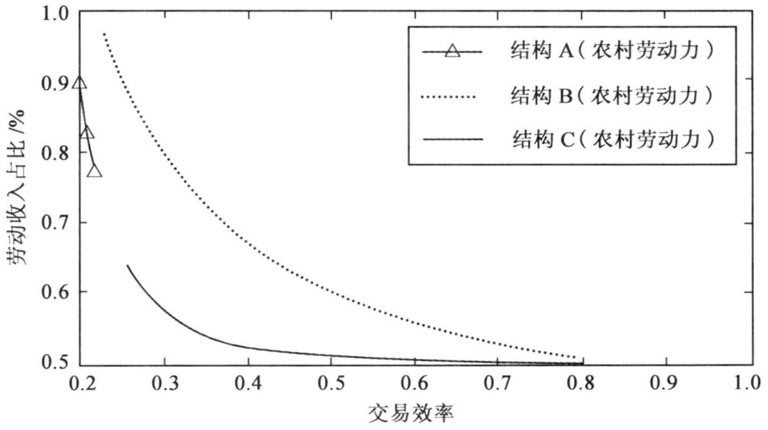

图6-1 农村劳动力和城市厂商各自决策时劳动收入占比的动态演变

接着考察劳动收入占比在城市化过程中随着市场化的推进而演变的具体情形。已知在农村劳动力与城市厂商之间,谁在劳动市场中的"谈判能力"更强,谁的决策行为直接决定一般均衡分工结构的出现,从而决定劳动收入占比水平。在市场化改革初期,不仅农村存在大量剩余劳动力使得农村劳动力在劳动市场中的"谈判能力"相对较弱,而且还存在诸如户籍制度等制度安排进一步削弱他们的"谈判能力"(张松林等,2014)[①],因此,此时城市厂商在劳动市场中具有更强的"谈判能力"。随着市场化改革的推进,只要农村仍然存在剩余劳动力,且一些削弱农村劳动力"谈判能力"的制度安排得不到彻底改革,那么城市厂商在劳动市场中将一直具有绝对优势的"谈判能力"。随着市场化改革的进一步推进,为配合新型城市化的推进,一些削弱农村劳动力"谈判能力"的制度安排将得到彻底改革,且新型城市化的不断推进最终使得农村剩余劳动力消失,在这过程中一些新的制度安排如工会等也将进一步强化农村劳动力在劳动市场中的"谈判能力",此时农村劳动力的"谈判能力"将更具优势。[②] 因此,在市场化过程中,先是城市厂商在劳动市场中具有更强的"谈判能力",然后这种优势随着市场化的不断推进最终转向农村劳动力。

---

① 陈志武也有相似观点,具体见网页:http://blog.caijing.com.cn/expert_article-151473-7357.shtml

② 这种情况在中国开始有所出现,如2014年春节后富士康因用工缺口5 000人而在武昌火车站"抢"农民工。为了吸引农民工,富士康开出了许多诱人条件,如普工转正前每月底薪1 800元,外加100元生活补贴;3个月转正后,底薪1 900元,除生活补贴外,还能拿到100元生产激励奖金,月薪比去年上涨200元;月综合收入达到3 400～4 500元,比3年前翻了一番。

依据这一逻辑思路，根据图 6-1 可得，在市场化改革过程中，均衡分工结构先是结构 A(城市厂商的选择结果)，然后随着市场化改革最终演变到结构 B(农村劳动力的选择结果)。在结构 A 和 B 中，劳动收入占比随着交易效率的提高而下降，但在相同的交易效率水平上结构 B 中的劳动收入占比要高于结构 A，即均衡分工结构由结构 A 向结构 B 的演变可提高劳动收入占比水平。由上文分析可知，结构 A 中的城市化属于“不完全城市化”，而结构 B 中的城市化属于“完全城市化”。这说明在城市化过程中“不完全城市化”向“完全城市化”转变可使劳动收入占比水平得到一定提高，从而削弱市场化对劳动收入占比产生的负效应，使得市场化在城市化过程中对劳动收入占比演变的影响呈现门槛特征。

综上分析可得，在城市化过程中，市场化对劳动收入占比产生负效应，其中“不完全城市化”向“完全城市化”转变可削弱这种负效应，从而使得市场化在城市化过程中对劳动收入占比演变的影响呈现门槛特征：当城市化处于“不完全城市化”阶段时，市场化对劳动收入占比产生负效应；当城市化跨过“不完全城市化”阶段，转向“完全城市化”阶段后，市场化对劳动收入占比产生的负效应将得到削弱。因此，提高农村劳动力在劳动市场中的“谈判能力”，促进分工结构转换，以消除农村剩余劳动力，实现“兼业工人”向“全职工人”的转变，的确可以有效扭转中国劳动收入占比下降的不利局面。中国劳动收入占比下降成因及其化解机制的具体逻辑框架可参考图 6-2：

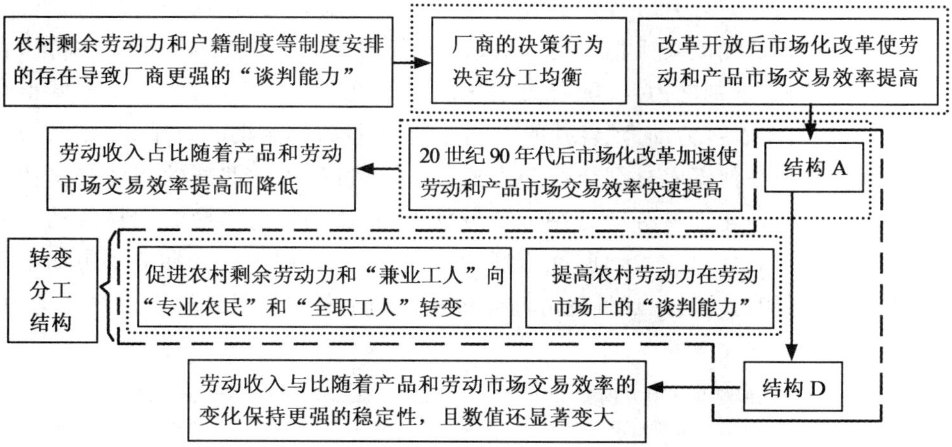

图 6-2　中国劳动收入占比下降成因及其化解

6.4 回归模型设定

6.4.1 计量模型设定

根据上文研究结论，为了研究城市化过程中市场化对劳动收入占比演变的影响及其门槛特征，本章利用 Hansen(2000)提出的门槛效应模型进行具体的实证检验，基本模型设为：

$$Lshare_{it} = \alpha + \beta_1 \mathrm{Mar}_{it}(City_{it} \leqslant \gamma) + \beta_2 \mathrm{Mar}_{it}(City_{it} > \gamma) + \delta X_{it} + \varepsilon_{it} \quad (15)$$

其中，设 γ 为城市化($City$)的门槛值，这意味着在估计(15)式时，总样本将根据门槛值被分为 2 个子样本，当样本 $City_{it} \leqslant \gamma$ 时，市场化(Mar)的系数为 β_1 ，当样本 $City_{it} > \gamma$ 时，市场化的系数为 β_2。这里利用残差平方和最小化[$SSR(\gamma)$]来进行门槛效应检验，即通过有门槛值的残差平方和[$SSR(\gamma)$]与无门槛值的残差平方和(SSR^*)计算似然比统计量来检验门槛值的显著性。(15)式只假设有 1 个门槛值，类似地，可通过相似的方法检验模型是否存在 1 个以上的门槛值。此外，$Lshare$ 为劳动收入占比，X 为一组控制变量，i 和 t 分别为省份和时间。

鉴于中国的大国特征及显著的地区差异，同时为了考察计量模型估计结果的稳健性，本章在估计全国省级面板数据的基础上，将总样本分为沿海地区和内陆地区。其中，沿海地区包括北京、天津、河北、辽宁、上海、江苏、浙江、福建、山东、广东和海南；内陆地区包括山西、吉林、黑龙江、安徽、江西、河南、湖北、湖南、四川、贵州、云南、陕西、甘肃、青海、宁夏、新疆、广西和内蒙古。

6.4.2 数据说明及变量统计特征

由模型设定可知，核心变量包括劳动收入占比、市场化与城市化。目前来看，测算劳动收入占比的方法主要有以下两种：收入份额法和生产函数法。在测算过程中所用到的相关数据可在以下四条数据来源渠道中找到：投入产出表、资金流量表、城乡居民收入调查数据以及国家统计局用省际收入法计算得到的相关数据。

由于国家统计局的数据具有连续性，且能具体反映地区层面的特性，所以本章采用国家统计局的数据运用收入份额法来测算劳动收入占比。测算过程中用到的计算公式为劳动者报酬/(收入法生产总值－生产税净额)，式中提到的劳动者报酬、收入法生产总值以及生产税净额都可在国家统计局分省年度数据中的“国民经济核算”一栏下的“收入法地区生产总值”中获得。用城市常住人口与总人口之比来衡量城市化水平，市场化直接采用樊纲等(2011)计算的各地区市场化指数。

根据本章模型框架及已有研究(罗长远，张军，2009；李稻葵等，2009)，控制变量选取全要素生产率、资本劳动比、农业剩余劳动力、贸易开放度和外商直接投资。其中，全要素生产率基于数据包络分析法(Data Envelopment Analysis，简称 DEA)来核算。在具体计算过程中采用 DEAP2.1 软件来计算。

资本劳动比采用资本存量/从业人口。其中，资本存量根据张军等(2004)的计算方法进行测算，这里以 1952 年为基年按不变价格计算各地区的资本存量，具体公式为 $K_t = K_{t-1}(1-\delta) + I_t$，式中 K 为资本存量，I 为投资，δ 为经济折旧率。

农村剩余劳动力根据陈先运(2004)的估算方法来测算，具体的计算公式为 $L - S/M$，式中 L 表示农业实际劳动力(即乡村从业人口)，S 为实有耕地面积，M 为劳均占地面积。但农业面积除包括农作物耕地面积外，还包括果园面积、瓜类面积、实有茶园面积以及水产品养殖面积等，因此本章修正后的 S 表示实有农业面积，即以上所有农业面积的总和。劳均占地面积的计算公式为(耕地面积＋山地面积＋园地面积＋水产养殖面积)/乡村从业人口。计算公式中所需的所有数据都来源于国家统计局相关年份的年度数据。

贸易开放度采用进出口总额与国内生产总值之比来表示，外商直接投资采用樊纲等(2011)计算的外资引资环境指数来表示。上述未说明原始数据来源的数据全部来自历年的《中国统计年鉴》。由于资本存量及市场化指数等相关变量的数据缺失问题，本章在实证检验过程中省去了西藏和重庆两个地区的相关数据，所以下文用到的数据为 2000—2009 年 29 个省级的面板数据。表 6-2 给出了各个变量的统计特征。

表 6-2 描述性统计

	项目	劳动收入占比	城市化	市场化	全要素生产率	外商直接投资	贸易开放度	资本劳动比	农村剩余劳动力
全国	平均值	0.548	0.454	6.123	0.989	2.844	0.043	9.165	0.907
	标准差	0.074	0.155	2.015	0.048	2.545	0.054	11.736	1.181
	最小值	0.384	0.232	2.370	0.845	0.010	0.005	0.937	0.045
	最大值	0.739	0.891	11.800	1.400	10.800	0.244	130.972	7.630
	观测值	290	290	290	290	290	290	290	290
沿海地区	平均值	0.517	0.578	7.158	1.003	4.545	0.069	12.977	0.732
	标准差	0.058	0.165	1.864	0.053	2.418	0.060	15.467	0.932
	最小值	0.384	0.263	3.370	0.919	0.280	0.007	2.731	0.045
	最大值	0.643	0.891	11.800	1.400	10.800	0.244	130.972	7.052
	观测值	110	110	110	110	110	110	110	110
内陆地区	平均值	0.567	0.378	5.491	0.980	1.804	0.027	6.835	1.014
	标准差	0.076	0.082	1.839	0.041	2.008	0.044	7.894	1.301
	最小值	0.394	0.232	2.370	0.845	0.010	0.005	0.937	0.144
	最大值	0.739	0.555	11.540	1.138	8.620	0.229	40.967	7.630
	观测值	180	180	180	180	180	180	180	180

6.5 回归结果及分析

6.5.1 门槛检验

表 6-3 的门槛检验结果显示，全国、沿海地区及内陆地区城市化门槛值检验的 P 值都小于 5%，表明通过了门槛的显著性检验，且检验结果具有一定的稳健性，这说明市场化在城市化过程中对劳动收入占比演变的影响存在门槛效应，与上文结论相一致。需要说明的是，理论模型重点考察城市化过程中“不完全城市化”阶段向“完全城市化”阶段转变时市场化对劳动收入占比演变影响的门槛效应。而实

证结果显示城市化至少存在 3 个门槛值，表明这种门槛效应不仅仅存在于本章重点考察的城市化阶段，在其他城市化阶段同样存在。例如，“不完全城市化”阶段向“完全城市化”阶段转变后，随着城市化进程的不断推进，当城市化水平达到一定临界值时，市场化对劳动收入占比演变的影响可能产生门槛效应。

表 6-3　城市化的门槛值检验

项目	全国		沿海地区		内陆地区	
	F 值	*P* 值	*F* 值	*P* 值	*F* 值	*P* 值
单门槛	11.980	0.000	6.707	0.010	8.773	0.002
双门槛	9.247	0.000	5.060	0.020	7.930	0.014
三门槛	9.588	0.003	5.261	0.017	8.587	0.000

6.5.2　门槛模型估计

根据门槛检验结果，本章选择 3 门槛模型进行具体的门槛估计。这里以(15)式为计量估计模型，运用 Stata 软件估计出具体的门槛值。表 6-4 和表 6-5 分别列出了估计得出的具体门槛值。其中，全国层面的城市化门槛值为 0.320、0.480 和 0.570，沿海地区的城市化门槛值为 0.480、0.570 和 0.780，内陆地区的城市化门槛值为 0.280、0.340 和 0.480。从全国的回归结果来看，当城市化小于第一个门槛值时，市场化的系数估计值为－0.032，并在 1%水平上显著；当城市化介于第二、第三个门槛值之间时，市场化的系数估计值减小为－0.024，并在 1%水平上显著；当城市化介于第三、四个门槛值之间时，市场化的系数估计值再次减小为－0.018，并在 1%水平上显著；当城市化大于第四个门槛值时，市场化的系数估计值进一步减小为－0.009，并在 5%水平上显著。再来看分样本估计的回归结果，沿海地区层面，当城市化小于第一个门槛值时，市场化的系数估计值为－0.024，并在 1%水平上显著；当城市化介于第二、第三个门槛值之间时，市场化的系数估计值减小为－0.016，并在 5%水平上显著；当城市化介于第三、第四个门槛值之间时，市场化的系数估计值再次减小为－0.011，并在 10%水平上显著；当城市化大于第四个门槛值时，市场化的系数估计值进一步减小为－0.003，但不显著。内陆地区层面，当城市化小于第一个门槛值时，市场化的系数估计值为－0.06，并在 1%水平上显著;当城市化介于第二、第三个门槛值之间时,市场化的系数估计值减小为-0.047,并在1%水平上显著;当城市化介于第三、四个门槛值之间时,市场化的系数估计值再次减小为-0.04,并在1%水平上显著;当城市化大于第四个门槛值时,市场化的系数估计值进一步减小为-0.03,并在5%水平上显著。由此可见,全样本估计和分样本估计的回归结果都表明,市场化对劳动收入占比产生负效应,且随着城市化门槛值的变大,市场化对劳动收入占比的负效应不断减小。而城市化门槛值不断变大的过程必然包含“不完全城市化”阶段向“完全城市化”阶段转变的过程,因此,城市化过程中当城市化由“不完全城市化”阶段转向“完全城市化”后,市场化对劳动收入占比产生的负效应将减小,这与上文结论相一致。目前,已有实证研究(如罗长远、张军,2009;张杰等,2012)得出市场化对劳动收入占比产生负效应,但对这种负效应的具体演变路径及其形成机制的研究却寥寥无几。

表 6-4 全样本估计(全国的回归结果)

城市化(γ)	(0,0.32]	(0.32,0.48]	(0.48,0.57]	(0.57,1]
市场化	-0.032***	-0.024***	-0.018***	-0.009**
	(0.006)	(0.005)	(0.005)	(0.005)
全要素生产率			-0.164**	
			(0.072)	
外商直接投资			0.006**	
			(0.002)	
贸易开放度			-0.113	
			(0.251)	
资本劳动比			-0.023**	
			(0.009)	
农村剩余劳动力			0.005	
			(0.004)	
观测值			290	
固定效应			*F* 值:8.060 *P* 值:0.000	
拟合度			0.277	

注:(1)*、** 与 *** 分别表示10%、5%与1%的显著性水平,括号内为标准差;(2)根据对固定效应估计系数显著性的联合检验的 *P* 值为0,表明本章模型采用固定效应模型。

表 6-5　分样本估计(沿海及内陆地区的回归结果)

样本	沿海地区(γ)				内陆地区(γ)			
城市化	(0,0.48]	(0.48,0.57]	(0.57,0.78]	(0.78,1]	(0,0.28]	(0.28,0.34]	(0.34,0.48]	(0.48,1]
市场化	−0.024***	−0.016**	−0.011*	−0.003	−0.060***	−0.047***	−0.040***	−0.030***
	(0.008)	(0.007)	(0.006)	(0.634)	(0.008)	(0.007)	(0.006)	(0.005)
全要素生产率	−0.111*				−0.236***			
	(0.076)				(0.081)			
外商直接投资	0.005*				0.012**			
	(0.002)				(0.006)			
贸易开放度	0.358				−0.296			
	(0.316)				(0.274)			
资本劳动比	−0.008				−0.022*			
	(0.014)				(0.012)			
农村剩余劳动力	−0.001				0.006			
	(0.008)				(0.005)			
观测值	110				180			
固定效应	*F* 值:9.030　*P* 值:0.000				*F* 值:8.670　*P* 值:0.000			
拟合度	0.225				0.427			

注:(1) *、** 与 *** 分别表示 10%、5%与 1%的显著性水平,括号内为标准差;(2)根据对固定效应估计系数显著性的联合检验的 *P* 值为 0,表明本章模型采用固定效应模型。

接着对沿海及内陆地区的具体情况进行比较分析。从城市化门槛值来看,内陆地区对应的城市化门槛值都小于沿海地区,造成这一结果的原因可能在于:与沿海地区相比,内陆地区在相同的城市化水平上具有更高比例的"完全城市化"人口,例如,设当沿海地区城市化水平为 30%时"完全城市化"人口占总人口比例为 λ,而后随着内陆地区城市化水平的提高,当其也为 30%时,此时由于中国整体经济的进一步发展及户籍制度等相关制度改革措施的出台等有利因素,其中"完全城市化"人口占总人口比例必然高于 λ,因此,对于内陆地区来说,城市化过程中由"不完全城市化"阶段向"完全城市化"阶段的转变可在相对更低的城市化水平上完成,从而导致更小的城市化门槛值。从市场化的系数估计值来看,在每一个由城市化门槛值划分的区间上,沿海地区对应的市场化的系数估计值的绝对值都小于内陆地区。对此,可能的解释为:改革开放以后,随着市场化改革的推进,沿海地区率先发展，城市化水平随之不断提高，但户籍制度等不利于“完全城市化”的制度安排的改革却未同步推进，使得城市化门槛值相对较大，从而导致对应的市场化水平相对较高，由图 6-1 可知，在更高水平的市场化水平上，市场化水平的提高对劳动收入占比产生的负效应更小。另外，与内陆地区所有的市场化的系数估计值都显著不同，沿海地区市场化的系数估计值在大于第三个门槛值的区间上不显著，其中的原因可能是：沿海地区对应的城市化门槛值相对较大，导致对应的市场化水平相对较高，当最后一个城市化门槛值出现时，沿海地区市场化改革可能已走向尾声，因此此时市场化改革对劳动收入占比的影响几乎可以忽略。

6.6　小结

本章基于新兴古典经济学的视角同时将城市化与市场化纳入统一的微观模型框架，以此来解析城市化过程中市场化对劳动收入占比演变影响的内在机理，在此基础上设定具体门槛效应模型并利用中国 2000—2009 年 29 个省级的面板数据进行相应的实证检验。研究发现，在城市化过程中，市场化对劳动收入占比产生负效应，其中“不完全城市化”向“完全城市化”转变可削弱这种负效应，从而使得市场化在城市化过程中对劳动收入占比演变的影响呈现门槛特征：当城市化处于“不完全城市化”阶段时，市场化对劳动收入占比产生负效应；当城市化跨过“不完全城市化”阶段，转向“完全城市化”阶段后，市场化对劳动收入占比产生的负效应将得到削弱；从地区层面的比较来看，内陆地区对应的城市化门槛值都小于沿海地区，对应的市场化估计系数大于沿海地区。

上述研究结论蕴含着丰富的政策含义。首先，市场化对劳动收入占比产生负效应，说明在经历了 30 多年的市场化改革之后，中国的经济增长已取得巨大进步，而劳动收入占比却降为较低水平[①]的今天，我们不能仅仅强调市场化改革对经济增长的积极作用，而是兼顾重视其对劳动收入占比产生的负效应，以追求市场化改革的丰硕成果最终惠及到全体劳动者。再次，当城市化跨过“不完全城市化”阶段，转向“完全城市化”阶段后，市场化对劳动收入占比产生的负效应将得到削弱，说明在

① 罗长远和张军(2009)指出，中国的劳动收入占比低于多数发展中国家和发达国家，仅高于拉美一些收入分配严重不均的国家。

推进市场化改革的同时配合以真正促进农村劳动力市民化的新型城镇化可以改善劳动收入占比业已恶化的不利局面。需要说明的是,促进农村劳动力市民化主要指促进那些本随着经济发展可市民化却因户籍制度等外在因素而不能市民化的农村劳动力真正实现市民化。最后,内陆地区与沿海地区不同的实证结果说明,中国作为一个地区差异非常显著的大国,在具体制度改革及政策制定过程中一要重视各个地区本身的实际情况,即各个地区自己根据自身特点进行具体制度改革及制定相关政策措施;二要加强各个地区的相互配合,追求各个地区在具体制度改革及政策制定过程中达到“一加一大于二”的效果。

7 城市集聚和农民工工资

7.1 引言

自改革开放以来，特别是2000年后，随着城镇地区对劳动力需求的增强、户籍制度的放松和城市体系的调整，中国经历着快速的城市化过程。1978年城镇人口和劳动力分别为1.72亿和0.95亿，在全部人口和劳动力中分别占17.92%和23.7%，到2012年达到7.12亿和3.71亿，占52.57%和48.37%。城镇人口和劳动力比重在1978—2000年间年均增长0.83和0.38个百分点，在2000—2012年间年均增长1.36和1.35个百分点。这段时期，中国城市体系或规模分布也在发生显著变化。2000年以前，中小城市数量和规模增长率明显高于大城市，但是2000年以后，大城市数量和规模得以快速增长（余吉祥等，2013）。快速城市化的重要推动力是农村地区外出规模的不断扩大。就劳动力而言，20世纪80年代早期农村外出规模才不到200万人，2000年为7 600万人，2012年已达到1.63亿人[①]。农民工也并非均匀地分布在各城市，更可能集聚在规模更大的城市[②]。然而，目前我国城市化率仍不高，到2011年只接近于世界平均水平[③]。

城市化对于改善农民工福利和促进城乡发展具有重要意义。农民工通常能从外出务工中获得更高的收入（Du等，2005；宁光杰，2012）。收入的提高不仅改善了城市农民工的福利、促进了城市地区发展，而且很可能通过汇款或者返乡创业提高户籍地家庭成员的福利，带动农村地区进步。此外，农民工在推动城市经济增长的同时，并未对城市当地工人的就业和工资产生较大负面影响（刘学军，赵耀辉，

---

① 城镇人口和劳动力数据来自《中国统计摘要2013》，农民工数据来自盛来运（2008）和国家统计局《2012年全国农民工监测调查报告》。

② 详见表7-1所示的不同规模城市的农民工个体样本量分布。

③ 联合国《世界城市化展望（2011修订版）》显示，中国2011年城市化率为50.6%，略低于世界平均水平52.1%。

2009)。尽管各界在提高城市化水平上这一点上是有共识的，但是在城市体系，尤其是城市规模如何合理化的讨论上，依然存在争议(陆铭，向宽虎，陈钊，2011)。在城市体系的安排上，政府主张推进中小城市的发展，而对大城市，尤其是特大城市的人口规模进行相对严格的控制。由于大城市人口规模限制政策的对象更可能是低技能者，这对于农民工这个低技能群体产生较大影响。政府的城市体系政策倾向很可能忽视或低估了城市规模扩张带来的正面效应。不少研究发现，中国的城市规模仍不足，城市规模对城市劳动生产率以及城市当地工人工资会产生较大影响(Au 和 Henderson，2006；Combes 等，2013)。但城市规模扩大是否能明显提高农民工的生产率和工资水平，依然是实证上亟待回答的问题。

城市扩张带来更高的工资水平是农民工流入的向心力，但其抬高的生活成本会成为农民工流入的离心力。在不同城市的便利性相同[①]、收入完全用于消费的前提下，如果劳动力流动没有障碍，那么在空间均衡状态下不同规模城市相同农民工的(经过生活成本调整的)实际工资会相等。此时，农民工在不同规模城市实现了有效配置[②]。倘若大城市的便利性更高，那么大城市的实际工资甚至会更低。在我国，与城市当地工人相比，尽管农民工在城市间的流动性程度较高，但仍遇到不少流动性障碍。影响农民工流动的因素除了有劳动力流动的交通、信息和心理成本外，还包括当前的户籍制度和城市体系安排。例如，大城市更严格的户籍制度提高了外来农民工获得当地户口的门槛，且倾向于保障本地劳动者的就业。即使有些省份已开始探索户籍一元化改革，但这些改革已被证明只减轻了本地农业户籍所面临的职业歧视，但增强了对外来劳动力的职业选择限制(宋锦，李实，2013)。这些劳动力流动的限制因素很可能会阻碍实际工资在不同城市均等化，使得大城市依然具有较高的实际工资水平。为此，本章也考察实际工资与城市规模的关系，这对于研究不同规模城市农民工劳动力市场的一体化程度具有重要意义。

本章使用的数据是覆盖全国大部分城市的 2011 年和 2012 年流动人口监测数

① 城市便利性除了包括常被提及的拥堵、污染和社会治安问题，还包括常被忽视的消费便捷性和多样性、文化和物理环境、更优质的公共服务等非市场外部性特征。这些外部性特征虽然直接影响个人效用，但不进入消费约束条件。

② 城市规模扩大既能提高生产率和工资水平，也能增加商品和服务的消费成本，尤其是住房成本。工资和租金可以分别用来验证城市规模效应的存在。在经典的空间均衡模型下，如果实际工资与城市规模无关，这并不意味着不存在城市规模或集聚经济，而是说明资源在不同空间实现了均衡、达到了有效配置。

据。首先,我们考察了农民工的技能选择性,以研究大城市的工资溢价是因为大城市本身较高的生产率,还是因为大城市农民工的技能水平更高。除了控制农民工可观测技能水平外,还使用半参数方法纠正农民工的潜在选择性偏差。结果发现,尽管技能水平高的农民工更可能流向大城市,但技能选择性能只解释一小部分的大城市工资溢价。其次,我们还引入了更多的城市层面变量,并使用工具变量法控制当前城市规模的潜在内生性,以更准确地估计农民工的城市规模工资弹性。结果发现,农民工工资对城市规模的弹性系数在 4.0%～4.2%之间。这个系数与基于西方发达国家的估计结果相近,但明显低于 Combes 等(2013)所估计的城市当地工人的相应系数。进一步,城市规模或集聚经济更能惠及城市经验更长或受教育水平更高的农民工。最后,我们还发现,经过生活成本完全调整的实际工资与城市规模并无显著关系。直观地看,这意味着农民工从不同规模城市获得的净效用相等,且其劳动力市场已经实现空间一体化。但考虑到大城市给农民工带来更多的净便利性(Xing 和 Zhang,2013),以及农民工的收入并不完全用于当地城市消费等,农民工从大城市获得的真实实际工资或效用水平依然较高。改革户籍制度,调整城市规模政策,提高农民工的空间流动性程度,将促进农民工收入增长和其整体福利水平提高。

本章其他内容安排如下:第二部分是文献综述;第三部分介绍估计模型、变量和数据;第四部分给出基本实证结果,以及进一步分析等;第五部分是本章的小结。

7.2 城市集聚文献述评

一般而言,规模较大的城市的工资水平更高。这个论断对于本章讨论的农民工而言也成立(见表 7-1 不同规模城市的农民工工资水平差异)。从劳动力需求的角度看,对于大城市的工资溢价常有两种解释[①]。一种解释是技能水平更高的工人流向了大城市。文献中关于技能选择性重要性的经验证据并不一致。例如,Combes 等(2008)发现,法国工人技能特征能解释 40%～50%的空间工资差异。

① 我们也注意到,有些文献认为不同城市的生活成本差异是工资差异的重要原因。实际上,大城市更高的生活成本能解释为什么工人没有完全涌入大城市,而不能解释为什么大城市的企业愿意支付更高的工资。

但是，Fu 和 Ross(2013)发现，美国工人的技能特征对集聚地区的工资溢价几乎没有解释力。另一种解释是城市人口规模或集聚外部性提高了劳动生产率和工资水平。具体机制包括运输成本的节省、劳动力的匹配，中间投入产品共享，以及知识或技术的溢出等(Glaeser，1999；Duranton 和 Puga，2003)。但是，城市规模扩大也会带来拥塞效应，会在一定程度上抵消生产率和工资的增加。总体而言，国内外很多文献都发现城市人口(或就业)规模的扩大对劳动生产率和工资水平产生正向影响(见 Rosenthal 和 Strange(2002)的综述文章)。譬如，法国的城市规模工资弹性在 1.5%～3%(Combes 等，2010)，意大利只有 1%(Addario 和 Patacchini，2008)，美国为 4.1%(Glaeser 和 Resseger，2010)。与基于西方发达国家的经验证据相比，中国存在更大的城市规模或集聚经济潜能(Au and Henderson，2006；Combes 等，2013)。特别地，Combes 等(2013)使用 2007 年国家统计局城镇住户调查数据发现，城市当地工人工资对城市规模的弹性系数高于 12%[①]，远高于基于欧美发达国家的实证结果。

工人获得的城市规模收益可能由于工人特征不同，特别是城市经验和技能水平不同，而存在差异。城市规模效应可以分为静态和动态效应(或者工资水平和增长效应)两部分。静态城市规模效应来自城市规模扩大带来的运输成本的节省、中间投入和劳动力的共享等。工人来到大城市就能立即获得静态城市规模效应，但是一离开城市就立即失去。动态城市规模效应主要是通过工人在城市的人力资本积累产生的，而大城市有利于工人积累更有价值的经验。动态城市规模效应并不随着工人来到大城市就立即产生，也不随着工人离开大城市就立即消失(Roca 和 Puga，2013)。另外，一种假说认为城市人口集聚增强了人与人的接触和交流，促进了知识或思想的溢出，而技能水平更高的劳动力从城市内周围人群学到更多的知识(Bacolod 等，2009)。

尽管大城市的名义工资更高，但调整生活成本后的实际工资未必就高。由于土地供给弹性有限，城市扩张会引起土地租金的上升，进而抬高以土地为投入的商品和服务成本，特别是住房成本。假设不同城市的便利性相同，收入完全用于消

---

① Combes et al.(2013)并不是直接使用城市人口或就业数量指标，而是使用城市就业密度和土地面积两个指标。Combes et al. 发现，工资对城市就业密度和土地面积的弹性系数在 12%和 16%左右。因此，可以推测，工资对城市就业规模的弹性系数在 12%～16%。

费，且劳动力可自由流动，那么经过生活成本调整后，空间均衡状态下不同规模城市的相同劳动力的实际工资应该相同，此时资源实现了有效配置[①]。如果大城市的便利性更高，劳动力将继续流入大城市，引起生活成本进一步上升，直至实际工资能够抵消大城市更高的便利性，或者不同城市带来的效用水平相等。在劳动力能够自由流动的西方国家，经验证据所反映的实际工资与城市规模之间的关系不一致。不少研究发现，城市规模对生活成本的影响超过了名义工资。例如，Tabuchi和Yoshida(2000)使用1992年日本城市层面数据发现，城市规模扩大1倍，经过物价水平调整的实际工资下降7%～12%，这是为获得大城市较高的净便利性所付出的代价。Combes等(2012)根据法国数据估计的城市住房成本对城市规模的弹性是4.1%，略高于Combes等(2010)估计的1.5%～3%的城市规模工资弹性。当然，根据便利性性质的不同，也有证据发现，城市规模对实际工资有正影响(Burnell和Galster，1992)，或者无影响(Glaeser和Maré, 2001; Albouy, 2008)。但注意，这里的实际工资并不是反映真实效用水平的有效指标，而是用来衡量负的城市便利性。

在我国，虽然大城市带来了诸如交通拥堵和环境污染等潜在负便利性问题，但也带来了更加便捷和多样化的消费方式、更优质的公共服务以及更多的上升流动机会等正便利性。Xing和Zhang(2013)指出，长期以来，经济发展政策更偏向于大城市，使得大城市具有更高的便利性。他们使用2005年1%人口抽样调查数据发现，大城市能给农民工带来更大的净便利性。这些便利性很可能会资本化到生活成本，特别是住房成本中，进而被抬高的物价水平会高估真实生活成本[②]。此外，农民工的储蓄率较高[③]，他们当中一部分人并非在当前或以后都将收入完全用于当地城市消费，而是在城市工作数年后携带积蓄返乡生活或创业，这对自身经济地位的提高以及农村发展都会产生积极影响(Démurger和Xu，2011)。这部分积蓄直接

① 根据效用最大化的结果，如果工资完全用于消费，城市个人的间接效用等于实际工资加城市便利性。

② 严格来说，真实生活成本反映了为了获得等值效用所支付的支出，而效用不仅取决于消费的商品和服务，也取决于城市的非市场便利性。因此，城市间商品和服务的价格指数未必等同于真实生活成本。但除非特别声明是真实生活成本，同已有许多文献的称呼一样，生活成本与物价指数概念是等价的。

③ 根据《中国统计年鉴2011》，2010年城镇和农村居民储蓄率分别为30%和26%，而本章2011/2012数据显示农民工储蓄率高达52%。

影响间接效用水平，而无须调整当地城市的生活成本。如果农民工从生活成本低的城市转移到生活成本高的城市，名义工资水平无需同比例增长，进而用价格指数直接完全调整名义工资得到的实际工资可能低估了生活成本高的大城市所带来的效用水平。

为了得到更接近真实效用水平的实际工资，DuMond 等（1999）提倡使用局部调整法。这种方法在对数工资线性回归方程中引入价格指数对数作为解释变量，估计出工资对价格指数的弹性系数，并用这个系数局部调整价格指数并平减名义工资，以近似度量效用水平。如果地区间生活成本差异未反映城市便利性差异，收入完全用于消费，且劳动力可自由流动，那么这个弹性系数将为一；如果部分地区间生活成本差异反映了城市便利性差异，收入不完全用于消费，或者劳动力不能自由流动，那么这个弹性系数将小于一（Winters，2009）①。国内外有些文献使用这种方法估算了各地区或城市的真实实际工资，甚至进一步考察它与城市规模之间的关系，例如，Henderson（1982），Yankow（2006），柴国俊、邓国营（2012）。需要注意的是，根据这种方法得到的实际工资只是接近于（间接）效用水平，这是因为这种方法还施加了两个严格的假设：对数工资和对数价格指数是线性关系；各地区的局部调整系数是相同的。无论如何，这种方法为考察城市规模和真实实际工资或效用水平之间的关系进而劳动力市场空间一体化程度提供了相对直接的手段。

本章对已有文献的贡献主要表现在以下三个方面。第一，国内几乎没有文献研究城市规模对农民工工资的影响。不少研究使用城市层面数据考察了城市集聚或规模经济对劳动生产率的影响（例如，范剑勇，2006；刘修岩等，2009），但是这些研究无法区分农民工和城市其他工人。也有文献使用微观数据探讨了不同行政级别城市的工资溢价及原因（黄枫，吴纯杰，2008；柴国俊，邓国营，2012），其研究对象是城市当地工人或大学生。已有不少文献讨论了城市相对农村的工资和收入溢价（例如，Du 等，2005； 宁光杰， 2012），但是它们只考察了城市作为整体所起的作用，未考虑不同规模城市的差异性。与本章相近的研究是 Combes 等（2013），但其研究对象是城市当地工人，而不是农民工。第二，本章还考察了不同规模城市的农民工劳动力市场一体化状况，补充且拓展了分析不同地区或城市劳动力市场空间分

① 另一个支持局部调整法的理由是替代偏差。在效用函数不是柯布道格拉斯形式，且住房和非住房商品或服务相互替代性程度较高的情况下，工资对价格水平的弹性小于 1（Winters，2009）。

割状况的一般性研究(Démurger 等,2008)。第三,本章微观样本数据所覆盖的城市更广,调查时间更新,这可使得本章的结果更具有代表性和时效性,而控制农民工潜在的城市选择性偏差以及城市规模内生性后,本章得出的结论更稳健。

7.3 模型、变量和数据

7.3.1 模型和变量

本节旨在讨论估计模型设定和变量选择。由于未调整和调整生活成本的工资决定模型设定相同,这里只介绍前者估计模型。借鉴 Combes 等(2008;2013)、Xing 和 Zhang(2013)的思路,本章使用两阶段回归估计方法,在第一阶段控制农民工个人、企业特征和潜在的城市选择偏差,以估计出影响农民工工资的城市固定效应,在第二阶段以城市固定效应为被解释变量,对包括城市规模在内的城市层面变量进行回归。

从劳动力需求角度出发,本章第一阶段回归模型是扩展的 Mincer 工资决定模型:

$$\log\omega_{ci} = \alpha_0 + \alpha_1 C_{ci} + \alpha_2 F_{cj} + \alpha_3 year2012 + \delta_c + \varepsilon_{cji} \tag{1}$$

其中,ω_{ci}是农民工小时工资,C_{ci}是农民工的个人特征变量,如性别、潜在经验和城市经验、受教育程度和职业特征,以反映农民工的有效劳动或技能水平,F_{cj}是农民工所属企业或行业特征,如行业和所有制特征,δ_c 是影响农民工工资的城市固定效应。本章使用的数据是 2011 和 2012 两年的截面数据,为了使得每个城市有足够的农民工样本,我们将这两年混合使用,同时引入 2012 年份虚拟变量 $year2012$ 控制这两年的时间效应。α_0 是常数项,α_1、α_2 和 α_3 是相应特征变量系数,ε_{cji}是随机扰动项。

如果农民工根据影响工资的未观测特征选择城市,那么 OLS 法所估计的城市固定效应将有偏且不一致。为此,本章使用 Dahl(2002)提出的半参数估计方法纠正农民工在不同城市的潜在选择性偏差。这种方法可以减轻因目的地城市数量过多而带来的运算成本,同时避免随机扰动项分布误设造成的估计偏差。Dahl

(2002)提出的方法的原理是在第一阶段回归模型(1)的基础上引入了城市选择偏差项 $\lambda(Pr_{ci})$,进而得到

$$\log\omega_{ci} = \alpha_0 + \alpha_1 C_{ci} + \alpha_2 F_{cj} + \alpha_3 year2012 + \delta_c + \lambda(Pr_{ci}) + \varepsilon_{cji} \tag{2}$$

其中,$\lambda(\cdot)$是未知函数,Pr_{ci}是农民工 i 到城市 c 的概率[①]。根据 Dahl(2002)的思路,将 $\lambda(Pr_{ci})$对 Pr_{ci}进行二次项展开,同时根据分组频率估计 Pr_{ci}。同 Xing and Zhang(2013),将农民工样本按照户籍地地域、年龄和教育水平分为 28 个特征组。其中,户籍地地域分为华北、东北、华东、华中、华南、西北以及西南等七个组,年龄分为 30 岁以上及以下两个组[②],受教育水平分为初中及以下、高中及以上两个组。各组迁移概率为相同组别人群中迁移到城市的比例,得到 Pr_{ci}的估计值。由于教育和年龄组都包含在解释变量中,这里实际上使用户籍地地域作为排他性条件,来控制农民工在不同城市的选择性偏差。

为了识别其他城市的固定效应,需要某个城市作为参照组,将其固定效应设为零。这里以北京市为参照组;事实上,无论以哪个城市为参照组,受影响的只是第二阶段回归中的常数项,而不是解释变量的系数。第二阶段回归模型设定如下

$$\delta_c = \beta_0 + \Gamma_c\beta_1 + v_c \tag{3}$$

其中,Γ_c 是包括城市规模在内的城市层面变量;β_0 和 β_1 分别是常数项和城市层面变量系数,v_c 是随机扰动项。

关于当前城市规模变量的选取,本章使用 2010 年各城市市辖区常住人口规模。我们也尝试了其他两种城市规模指标,即城市总就业数量(Au 和 Henderson, 2006)和城市大学生数量(陆铭等,2012),所得结果基本相同。同时,各城市可能并非封闭或独立的,很可能受益于周围城市城市规模经济,但随着距离的延长,周围城市规模经济的影响会下降。借鉴 Harris(1954)的定义,市场潜能变量定义为以

① Dahl(2002)分别用每个城市样本估计出类似(2)式的控制地区选择性偏差的 Mincer 方程,进而得到每个人的预期收入。在 Dahl(2002)的模型中,不同城市的解释变量系数并不相同。但本章让解释变量系数在不同城市保持相同,因而估计的城市固定效应可理解为具有平均特征的农民工所获得的效应。

② 由于流入城市有 123 个,设置 28 个特征组是为了保证不同流入城市的特征组有足够多的样本。但我们发现,设置更多的特征组,如将受教育水平分四个组别,对本章估计结果的影响可以忽略不计。

距离倒数为权重的2010年周围城市规模的加权平均和。同样，一个地区越靠近沿海地区，进出口的运输成本越低，受到海外知识和技术溢出的影响也越大，本章用离港口城市距离①来反映海外市场的影响。城市自有规模，市场潜能，以及离港口城市距离反映了三种不同维度“市场可得性”(Combes等，2013)。

为了减弱可能因缺失变量造成的城市规模内生性问题，本章还引入2010年的相关控制变量，如劳均工业资本存量、内资工业企业比重、产业结构、基础设施变量和流入地地区虚拟变量。由于缺乏城市层面全部资本变量，本章使用规模以上工业企业劳均固定资本来代理。另外，外商直接投资资本会产生知识和技术的溢出效应(Branstetter，2006)，为了反映外资企业相对于内资企业的溢出效应差异，我们用规模以上工业企业中内资企业的比重作为反指标。产业结构用第三产业就业比重与第二产业就业比重之比衡量。城市基础设施用人均城市道路铺装面积来代理。最后，为了控制地区层面的不可观测特征对工资和城市规模的影响，我们还加入流入地地区虚拟变量，其中流入地地域分为华北、东北、华东、华中、华南、西北以及西南七个组。注意，在估计过程中，本章所有城市层面变量都取对数。

尽管引入了相关控制变量，城市规模变量仍存在潜在内生性问题，根据周围城市规模构造的市场潜能变量也可能存在同样的问题，为此我们使用工具变量法进行估计。我们使用两个工具变量。有效的工具变量需要满足相关性和外生性两个条件。第一个工具变量是根据新中国成立后第一次人口普查得到的1953年的城市人口规模。城市人口规模变化具有累积性和持久性特征，而中国城市规模近似遵循着平行增长的模式(陆铭等，2012)。因此，新中国成立初期1953年城市规模对当前2010年城市规模具有很强的解释力。此外，1953年距2010年有57年，1953年城市规模不受新中国成立后的许多重大政治变化和从1978年以后各项经济改革的影响，对当前生产率和工资很可能不会产生影响。即使存在影响，这些因素也更可能发生在1953年之后。第二个工具变量是根据改革开放后第三和第五次人口普查得到的1982—2000年城市人口增长率。改革开放后户籍政策发生了松动，虽然农村劳动力被允许进城务工，但是其流动方向受到严格限制。在城市体

① 选取32个沿海港口城市：上海、宁波、广州、天津、青岛、秦皇岛、大连、日照、营口、烟台、连云港、湛江、威海、海口、三亚、唐山、沧州、锦州、福州、厦门、泉州、漳州、深圳、珠海、汕头、中山、温州、舟山、台州、北海、防城港和钦州。

系政策上，2002 年以前，政府一直坚持“控制大城市规模，合理发展中等城市，积极发展小城市”，但 2002 年以后主张推动“大中小城市和小城镇的协调发展”。与“中小城市偏向型”的城市体系政策方向一致的是，1982—2000 年我国城市规模分布呈现分散化或均衡化的趋势（余吉祥等，2013）。结果，一方面，这种政策导向下的 1982—2000 年城市人口增长趋势会在一定程度上影响当前城市规模体系；另一方面，1982—2000 年的城市人口增长趋势更可能反映了当时的城市规模政策导向，而这种政策导向与当前生产率或工资不存在明显的双向因果关系。为了实现这种政策导向，政府对大城市施加了更加严格的户口和居住证管制，这与城市发展的内在要求是不一致的。此外，政府还加大了对中小城市的投入，但是这些投入并没有得到相称的回报，导致了资金和土地资源的浪费（王小鲁，2010），进而对当前的生产率和工资的直接影响有限。关于这两个工具变量的相关性和外生性，我们将进行严格的统计检验。

7.3.2 数据

本章使用四个数据集。第一个数据集是国家卫生和计划生育委员会 2011 和 2012 年流动人口监测调查数据中的农民工个体数据。抽样方法为分层、多阶段、与规模成比例的 PPS 抽样。该数据集还提供了样本权重，经过权重处理，数据更具有代表性。调查时间分别是 2011 年 7 月份和 2012 年 5 月份。这两年截面数据都是在流入城市调查的，覆盖全国 32 个省市自治区（含新疆生产建设兵团）大部分地区，包括详细的农民工人口、就业和工资信息等。第二个数据集是 1953 年、1982 年、2000 年和 2010 年县级层面的常住人口数据，来自相应年份的人口普查。为了避免因行政区划调整造成的估计误差问题，以 2010 年城市行政区划为基准调整历史年份普查数据的行政区划。第三个数据集是相关年份的《中国城市统计年鉴》。第四个数据集是国家基础地理信息系统 1∶400 万的经纬度数据，用以计算城市间的空间球面距离。

本章对农民工样本数据进行如下处理。第一，同 Au 和 Henderson (2006)等研究一样，本章所指的城市是地级及以上城市的市辖区，不包括辖县和县级市，而市辖区更能体现城市经济特征。第二，个体样本限定在 15～59 岁、在县外城市务工半年以上的农民工。第三，只保留从事工资性工作的样本。这是因为自我经营者的收入无法区分劳动收入和资本收入。第四，只保留两年样本共有 30 个及以上农民工样本的城市[①]。这是因为农民工在不同城市的分布极不均衡,主要集中在大城市,所以为了提高城市固定效应的估计精度,有必要排除一些农民工数量少的城市样本。后面的稳健型分析将指出本章的结果对其他城市样本选择也是稳健的。经过处理后,虽然城市样本大幅减少为 123 个城市(样本里共 256 个城市),但是农民工个体样本从 61 409 只减少到 56 780,只下降 7.54%。

表 7-1 给出了按不同规模城市分组的变量描述性统计。按照城市常住人口规模,将城市分为中小城市(100 万人以下)、大城市(100 万～400 万人)和特大城市(400 万人以上)。在样本数据中,2010 年中小城市、大城市和特大城市的常住人口规模占比分别是 7.69%、40.33%和 51.98%,而相应城市农民工数量占全部农民工样本的 5.18%、33.88%和 60.95%。这表明,农民工更集中在规模更大的城市,特别是特大城市。此外,规模越大的城市的农民工工资水平越高,大城市的农民工工资水平比中小城市高 3.4 个对数百分点,而特大城市的农民工工资溢价更高,比大城市高 9.2 个对数百分点。

表 7-1 农民工特征的描述性统计(均值)

变量	城市类型			总计
	中小城市	大城市	特大城市	
人口特征:				
工资对数	2.266	2.300	2.392	2.354
女性	0.412	0.451	0.469	0.460
年龄	32.935	32.543	31.112	31.691
受教育年限(年)	9.162	9.288	9.815	9.602
小学及以下	0.176	0.178	0.119	0.142
初中	0.600	0.571	0.545	0.557
高中	0.174	0.201	0.264	0.238
大专及以上	0.049	0.050	0.073	0.064
潜在经验(年)	17.777	17.259	15.302	16.093
城市经验(年)	4.257	4.595	4.809	4.708
3 年及以上城市经验	0.571	0.571	0.573	0.572

① 从 1953—2010 年,深圳市人口增长了 53 倍,远超过其他城市,而其自身的城市固定溢价较高。在进行工具变量估计的时候,会发生较大的异常。因此,本章删除了深圳市样本。我们根据 OLS 结果发现,这会略微低估城市规模效应,但不改变本章的基本结论。

续表 7-1

变量	城市类型			总计
	中小城市	大城市	特大城市	
职业：				
单位负责人	0.002	0.002	0.003	0.002
专业技术人员	0.086	0.088	0.105	0.098
办事员及有关人员	0.016	0.025	0.035	0.031
服务性人员	0.369	0.319	0.362	0.348
生产和运输工人	0.473	0.522	0.464	0.484
行业：				
制造业	0.355	0.496	0.486	0.483
建筑业	0.170	0.098	0.063	0.081
交通运输通讯业	0.045	0.041	0.041	0.041
批发和零售业	0.061	0.072	0.072	0.071
住宿和餐饮业	0.102	0.097	0.103	0.101
金融保险房地产业	0.012	0.010	0.015	0.013
科研技术服务和地质勘查业	0.008	0.008	0.014	0.012
教育文化广播电影电视业	0.007	0.008	0.013	0.011
卫生社保社会福利业	0.012	0.011	0.012	0.011
社会服务业	0.125	0.089	0.113	0.106
所有制：				
机关事业单位	0.020	0.018	0.026	0.023
国有及国有控股企业	0.036	0.037	0.047	0.043
集体企业	0.020	0.025	0.034	0.030
个体工商户	0.215	0.204	0.157	0.176
私营企业	0.561	0.561	0.499	0.523
外资企业	0.055	0.110	0.205	0.165
2012 年城市样本	0.599	0.550	0.562	0.560
个体样本量	2 940	19 234	34 606	56 780
城市样本量	39	64	20	123

表 7-1 还给出了农民工在不同规模城市的人口特征和就业分布差异。在规模更大的城市中，农民工的受教育程度更高，城市经验更长，但女性比重更大，且年龄和潜在经验都较低。农民工的职业分布差异并不明显。从行业分布差异看，大城市和特大城市制造业农民工比重都较高，建筑业农民工比重都较低，在其他行业的分布差异并不大。从所有制差异看，规模更大的城市中在外资企业(包括港澳台企业)工作的农民工比重更高，在个体工商户和私营企业工作的比重更低，在其他所有制企业的分布相近。

7.4 实证结果和分析

7.4.1 农民工在不同规模城市的技能选择性的重要性

本节考察农民工的技能选择性对大城市工资溢价的解释力，而表 7-2 显示，农民工的技能水平的城市差异在很大程度上并不能解释大城市的工资溢价。在只包括城市规模变量的模型(1)中，城市规模系数为 0.063。在模型(2)控制受教育年限后，城市规模系数降为 0.052，下降了 17%。但在模型(3)进一步引入了潜在经验和性别变量后，城市规模系数小幅上升 0.004，这是因为大城市吸引了更多的工资较低的女性和青年人。如果农民工的可观测技能特征用受教育年限、潜在经验和性别来代理，这也意味着大城市的农民工具有一定的正向技能选择性，但是仍在很大程度上不能解释大城市的工资溢价。即使将城市经验年限以及职业特征包括在可观测技能特征口径中，这个推断依然成立[见模型(4)]。从模型(5)可见，控制了两个潜在的城市选择性偏差项后，城市规模系数小幅上升到 0.002，这意味着到大城市的农民工就其未观测特征存在微弱的负向选择性。但由于这两个选择性偏差项系数都不显著，城市间的选择性偏差问题并不严重。进一步，模型(6)表明行业和所有制特征对大城市工资溢价的解释力也并不高。因此，大城市的农民工工资溢价更可能是因为大城市使得农民工更有生产力。

表 7-2　农民工在不同规模城市的技能选择性

	(1)	(2)	(3)	(4)	(5)	(6)
			第二阶段回归			
城市规模	0.063***	0.052***	0.056***	0.055***	0.057***	0.053***
	(0.013)	(0.014)	(0.014)	(0.013)	(0.013)	(0.012)
			第一阶段回归			
受教育年限		0.049***	0.056***	0.049***	0.044***	0.044***
		(0.003)	(0.003)	(0.002)	(0.002)	(0.002)
潜在经验			0.022***	0.019***	0.017***	0.017***
			(0.002)	(0.001)	(0.001)	(0.001)
潜在经验平方/100			−0.046***	−0.041***	−0.041***	−0.041***
			(0.004)	(0.003)	(0.003)	(0.003)
性别			−0.206***	−0.191***	−0.167***	−0.167***
			(0.014)	(0.014)	(0.012)	(0.012)
城市经验				0.009***	0.009***	0.009***
				(0.002)	(0.002)	(0.002)
城市经验平方/100				−0.032***	−0.032***	−0.032***
				(0.011)	(0.011)	(0.011)
职业				是	是	是
行业						是
所有制						是
迁移概率					−0.138	−0.155
					(0.172)	(0.157)
迁移概率平方					0.364	0.393
					(0.369)	(0.333)
2012 年样本	是	是	是	是	是	是
城市虚拟变量	是	是	是	是	是	是

注：第一阶段回归结果括号中报告的是经过城市层面聚类调整的稳健性标准差；城市规模变量取对数。

7.4.2　农民工(名义)工资和城市规模

根据表 7-2 模型(6)的第一阶段回归模型可估计出决定农民工工资的城市固定效应，见图 7-1。从中图 7-1 可见，即使控制农民工可观测技能，以及潜在的城市选择性偏差等,农民工工资依然与城市规模正相关[①]。为了进一步识别和估计城市规模经济对农民工工资的影响,我们给出了不同模型设定和估计方法下的第二阶段回归模型估计结果,具体见表 7-3。模型(1)到(4)是 OLS 估计结果。模型(1)只加入城市规模变量,得到的城市规模系数是 0.053,且在 1%水平上显著。模型(1)的拟合优度也较高,达到 0.256。模型(2)进一步加入市场潜能和离港口城市距离后,城市规模系数下降为 0.045,但仍在 1%水平上显著,此时市场潜能为 0.057,但不显著,而离港口城市距离系数显著为负。模型(3)进一步加入地区虚拟变量,结果城市规模系数小幅下降到 0.044,市场潜能依然不显著,而离港口城市距离系数不仅减小,而且变得更不显著。模型(4)引入了城市层面的控制变量,城市规模系数下降到 0.038。

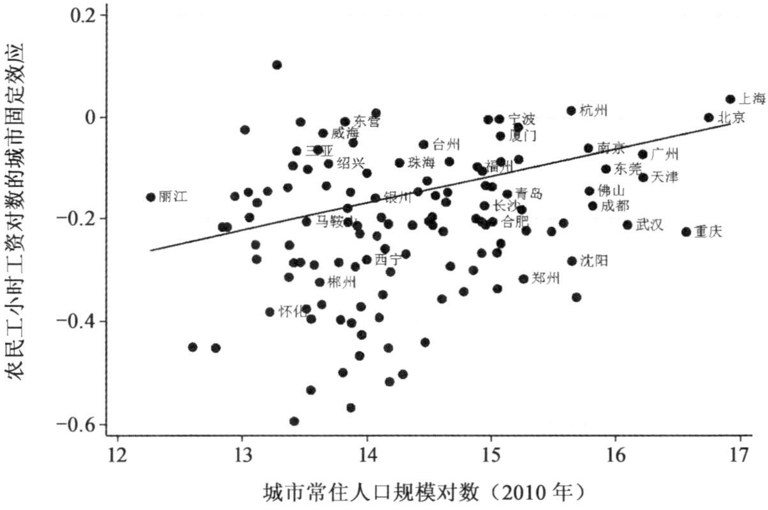

图 7-1 城市固定效应和城市规模

模型(5)和(6)报告了控制城市规模和市场潜能的内生性的估计结果。模型(5)采用了与模型(3)的相同的设定形式,使用的工具变量是 1953 年城市规模和市场潜能,以及 1982—2000 年城市人口增长率。以城市规模的第一阶段回归模型为例,其 Shea 偏 R^2 高达 0.888,且弱识别检验拒绝弱工具变量原假设,这证明 1953

① 图 8-1 所示的回归线是按照城市内农民工数量加权的线性回归线。

年城市规模和1982—2000城市人口增长率对于当前城市规模具有很强的解释力。此外，过度识别检验接受工具变量外生的原假设，说明我们使用的工具变量是外生的。但是，城市规模系数几乎没有变化。与模型(3)OLS估计结果相比，模型(5)Ⅳ结果只是从0.044小幅上升到0.047。与模型(4)OLS结果相比，模型(6)Ⅳ结果从0.038小幅上升到0.042。这也说明，城市规模的内生性问题并不严重[①]。由于模型(6)比模型(5)引入了更多的城市层面的控制变量并控制了城市规模的潜在内生性，我们倾向于接受模型(6)的结果。

模型(6)所示的城市规模系数是0.042。这意味着，城市规模扩大1倍，农民工工资增加3.0%($2^{0.042}-1$)。由于中国城市规模差异较大，潜在的城市规模收益并不低；如果农民工从城市规模10%分位点上的城市流向城市规模90%分位点上的城市，那么农民工工资将增加34.6%。引言已提及，Combes等(2013)估计的城镇当地工人工资对城市规模的弹性系数高于12%。与Combes等(2013)相比，无论在何种模型设定下，本章估计的农民工城市规模工资系数都远不到其一半。因此，农民工获得的平均城市规模工资溢价明显低于城镇当地工人[②]。市场潜能变量系数始终不显著，这与Combes等(2013)的发现一致，说明城市间规模经济的溢出效应并不明显。同样，引入地区虚拟变量后，离港口城市距离变量的系数不再显著。这可能是因为离港口城市近的城市主要集中在华东和华南地区，造成离港口城市距离与地区虚拟变量高度相关。

对于农民工获得的城市规模收益低于城市当地工人这个现象，可能的解释有三个。第一，正如下节将指出，大城市具有加快人力资本积累的功能，而农民工在大城市经历更快的工资增长；由于农民工在大城市的经验年限低于城镇当地工人，农民工获得的平均城市规模收益更可能低于城镇当地工人。第二，大城市的知识或技术溢出效应更多地发生在高技术行业或高技能职业(Fu，2006)。农民工普遍

---

① 城市规模内生性程度取决于具体的问题和模型设定。在Roca和Puga(2013)的研究中，城市规模工资弹性的IV结果与OLS结果同样几乎相同。

② Combes等(2013)使用的是2007年数据，由于城市规模收益可能随着城市规模扩大而递减，到2011/2012年城市当地工人获得的规模收益未必仍明显高于农民工。为了减轻这种担心，本章使用《2010年城市统计年鉴》中的城市单位职工(这个统计口径主要包含城镇当地工人，基本不包括农民工)平均工资对数作为被解释变量，采用表2模型6相同的设定和估计方法，发现城市单位职工工资对城市规模的弹性仍高达0.128。因此，这个结论是稳健的。

从事低技术行业或低技能职业，而城镇当地工人更可能从事高技术行业或高技能职业(邢春冰，2008)。这会导致农民工能享受的大城市的知识或技术溢出效应会低于城镇当地工人。第三，农民工与城市当地工人之间的社会距离阻碍了农民工共享城市规模或集聚经济。Ananat 等(2013)使用美国人口发现并证实，美国黑人和白人之间的社会距离，使得黑人获得的城市规模或集聚经济效应低于白人。类似于 Ananat 等(2013)的解释，就我国而言，城市当地居民对流动人口，特别是农民工仍抱有疏离甚至排斥的态度，转而影响农民工的融入意愿和行为(宋月萍，陶椰，2012)；这使得城市规模经济更可能发生在相同户籍人群内部；由于农民工周围相同户籍工人的受教育水平不高、城市经验不足，农民工从周围人群学到的知识和经验，拥有的可提高劳动力市场匹配效率的资源(包括工作信息和社会关系等)相对较少。

大城市的发展能够给农民工带来更高的工资水平，这也是农民工更愿意流入到大城市的重要条件。控制城市规模的政策不仅会限制当地经济的进一步增长，而且不利于通过农村劳动力流动及其汇款行为促进城乡经济一体化。此外，这里也发现，农民工获得的城市规模收益低于城市当地工人。尽管不能将这个现象完全归结为户籍制度，但是当前的户籍制度在一定程度上会造成这个现象。例如，农民工在住房、社会保障和子女教育等公共服务所遭受的户籍歧视，会导致农民工更不可能在城市长久居住，进而不能积累更长的城市经验。户籍制度更倾向于保护城市本地工人，使得农民工更缺乏机会从事高技术行业或高技能职业。劳动力市场和户籍身份相关的歧视造成了城市内部的收入差距，从而引发社会不和谐和冲突，降低社会信任水平，拉大城市内部的社会距离(陆铭等，2011)。这最终会通过上一段讨论的机制限制农民工所能得到的城市规模经济收益。逐步改革户籍制度，消除户籍身份差别，将更有利于农民工收入增长，并推动城市内部和城乡协调发展。

从模型(6)还可见，除了内资工业企业比重外，城市层面的控制变量都不显著。陆铭、高虹、佐藤宏(2012)指出，出于税收上的考虑，地方政府倾向于鼓励发展资本密集型产业。而更高的人均工业资本并不会明显增加对农民工的需求，进而使得劳均工业资本系数不显著。内资工业企业比重变量系数为负，且在10%水平上显著，这说明外资企业的知识或技术溢出效应在一定程度上惠及了农民工。产业结构变量系数不显著。这可能是因为农民工主要从事低技能服务业，而不是高技能服务业；第三产业比重的相对上升更可能带来低技能就业，而不是更高的工资水平。尽管更好的城市道路等基础设施提高了劳动力市场的匹配效率，进而增加了企业的劳动力需求，但同时作为城市便利性，也会提高劳动力市场供给，以致综合起来对农民工工资的净效应不显著。

表 7-3　第二阶段回归模型估计结果(被解释变量:名义城市固定效应)

项目	(1)OLS1	(2)OLS2	(3)OLS3	(4)OLS4	(5)Ⅳ1	(6)Ⅳ2
城市规模	0.053***	0.045***	0.044***	0.038***	0.047***	0.042***
	(0.012)	(0.013)	(0.007)	(0.009)	(0.007)	(0.009)
市场潜能		0.057	0.048	0.059	0.030	0.034
		(0.039)	(0.043)	(0.047)	(0.038)	(0.042)
离港口城市距离		−0.012**	−0.003	−0.002	−0.001	−0.002
		(0.005)	(0.004)	(0.004)	(0.003)	(0.004)
劳均工业资本				0.017		0.017
				(0.028)		(0.026)
内资工业企业比重				−0.050*		−0.047*
				(0.029)		(0.029)
产业结构				0.010		0.005
				(0.025)		(0.024)
城市人均道路面积				−0.005		0.0002
				(0.019)		(0.018)
地区虚拟变量	否	否	是	是	是	是
调整 R^2	0.256	0.357	0.636	0.638	0.661	0.675
样本量	123	123	123	123	123	123
Ⅳ回归第一阶段估计结果						
1953 年城市规模					0.810***	0.734***
					(0.053)	(0.058)
1982—2000 年城市人口规模增长率					0.281***	0.377***
					(0.045)	(0.071)
Shea 偏 R^2					0.888	0.810
工具变量有效性检验:						
弱识别检验					137.732	58.339
					[0.000]	[0.000]
过度识别检验					0.476	0.065
					[0.490]	[0.799]

注：第二阶段回归模型按照城市内农民工数量进行加权估计；小括号内的数字是稳健型标准差，中括号内的数字是 P 值，下同；Ⅳ回归第一阶段结果是城市规模对工具变量的回归，这里还控制了其他相关变量；囿于篇幅，未报告关于市场潜能的Ⅳ回归第一阶段结果；城市层面变量都取对数；下同。

7.4.3　农民工工资、生活成本和城市规模

本节旨在考查调整了生活成本的农民工工资与城市规模之间的关系。同Henderson(1982)、Li 和 Gibson(2013)等,我们使用城市的住房成本来代理生活成本。这里假设城市间的运输成本为零,可贸易商品的价格相等,进而生活成本差异归结为住房成本差异。但这也可能低估了生活成本,稳健起见,我们使用 Brandt 和 Holz(2006)构造的省级层面可比物价指数,并得到了一致的结果(表 7-7)。为了估计各城市可比住房成本,首先估计剔除住房特征的各城市同质住房租金 $\log P_{H_c}$,其是根据 $\log P_{H_{ci}}=\gamma_0+\gamma_1\psi_{H_{ci}}+\log P_{H_c}+\zeta_{ci}$ 估算出来的,其中,$\log P_{H_{ci}}$ 是家庭月租金支出,$\psi_{H_{ci}}$ 是家庭住房特征变量①,$\log P_{H_c}$ 可视为各城市虚拟变量系数。其次,估计家庭住房租金消费份额 τ_H。根据本章数据中的农民工家庭收支和住房信息,可得到住房租金支出在总消费支出的份额是 $\tau_H=23\%$。最后得到的住房或生活成本 $\log P_c=\tau_H\log P_{H_c}$,而实际工资对数为 $\log\omega_{ci}-\log P_c$。表 7-4 给出了经过生活成本完全调整的实际工资与城市规模之间的关系。可见,无论采取何种模型设定,农民工实际工资与城市规模之间的关系很弱,且都不显著。直观地看,这说明不同规模城市的农民工劳动力市场已经实现一体化。

但是,如果考虑到大城市给农民工带来更多的净便利性,以及一些农民工的收入并未完全用于当地消费,大城市给农民工带来的真实实际工资或效用水平会更高。为了进一步验证这个论断,我们尝试 DuMond 等(1999)提出的局部调整法计算新的实际工资,以纠正原始的完全调整生活成本的实际工资的不足。具体而言,在不包含城市固定效应 δ_c 的(2)式右端引入生活成本指数对数作为解释变量,以其估计系数作为局部调整系数。记局部调整系数为 p,则修正的实际工资为 $\log\omega_{ci}-p\log P_c$,然后重新进行两阶段估计过程。表 7-5 报告了根据修正的实际工资得到的结果,可见,大城市给农民工带来的真实实际工资更高。其中,$p=0.49$,是完全调整系数的一半,这意味着真实生活成本只有生活成本指数的一半。另外,

① 鉴于 2012 年数据的住房信息匮乏,这里只使用 2011 年数据进行估计。住房特征变量包括有无自来水,有无卫生间,有无厨房,有无洗澡设施,住房产权(租住单位房/雇主房,租住私房和政府提供廉租房),住房类型(家庭户,集体户),社区行政属性(居委会,村委会)等。由于缺乏住房面积信息,我们使用家庭人口数量来代理。

即使不使用根据局部调整法得到的实际工资，除了引用 Xing 和 Zhang(2013)的发现，我们也可以根据本章的数据间接地推测出这个结论，即农民工能从大城市获得更高的效用水平。假如农民工从不同规模城市获得的效用水平相同，那么农民工对城市规模不再具有特别偏好。然而，实际上，表 7-6 列(1)和(2)却显示，即使控制个人特征和(预期)收入，农民工依然更愿意在大城市长期居住，或者更偏好大城市。

由此可推知，即使维持现有农民工的空间流动性程度不变，未来将转移的农村劳动力依然更倾向于流入大城市。此外，本小节的结论也意味着农民工的空间流动性程度还有进一步提高的余地。尽管户籍制度并不是限制劳动力流动的唯一因素，但却是劳动力市场空间一体化的重要障碍。我国当前户籍制度虽不再严格阻止农村劳动力到城市工作，但其在城市劳动力市场和政府提供的公共服务上的歧视会约束农民工的流动。相比于小城市户口，大城市户口能提供更多的工作机会和更优质的公共服务，但是大城市户口的资格审查和配额控制更加严格，进而更难获取(Song，2014)。对于愿意在城市长久定居的农民工而言，这会限制他们向大城市流动，阻碍其从不同规模城市获得的效用的均等化趋势。而改革户籍制度，调整城市规模政策，最终将有利于降低劳动力流动障碍，使得更多的农民工受益于大城市，并提高农民工的整体福利水平。

表 7-4　第二阶段回归模型估计结果(被解释变量：实际城市固定效应)

项目	(1)OLS1	(2)OLS2	(3)OLS3	(4)OLS4	(5)IV1	(6)IV2
城市规模	0.012	0.001	0.011	0.003	0.013	0.007
	(0.014)	(0.009)	(0.009)	(0.010)	(0.010)	(0.011)
市场潜能		0.119***	0.037	0.049	0.0002	0.004
		(0.037)	(0.057)	(0.069)	(0.048)	(0.058)
离港口城市距离		−0.013***	−0.001	−0.001	−0.0001	−0.0007
		(0.005)	(0.004)	(0.004)	(0.004)	(0.004)
城市层面变量				是		是
地区虚拟变量	否	否	是	是	是	是
调整 R^2	0.005	0.229	0.445	0.436	0.482	0.490
样本量	123	123	123	123	123	123

表 7-5 农民工实际工资与城市规模

情景	（原始或修正的）实际工资
A:完全调整法（第一阶段回归被解释变量：$\log \omega_{ci} - \log P_c$）	0.007
	(0.011)
B:局部调整法（第一阶段回归被解释变量：$\log \omega_{ci} - \rho * \log P_c$）	0.025***
	(0.009)

注：组 B 第一阶段回归同表 7.2 模型(6)，第二阶段回归同表 7.3 模型(6)；$\rho = 0.49$。

表 7-6 长期居住意愿、城市偏好与城市规模（2012 年微观数据）

项目	(1)打算在本地居住 5 年及以上	(2)城市偏好
	（是=1/否=0）	多项区位选择
城市规模	0.069***	1.280***
	(0.013)	(0.121)
调整 R^2	0.04	—
样本量	33 023	—

注：列(1)报告的是用 OLS 方法估计的 Probit 回归模型结果，该模型还控制了工资收入、性别，年龄，年龄平方，受教育年限，婚姻状况；列(2)报告的是用来估计城市净便利性的条件 logit 模型估计结果，该模型采用了两阶段估计方法，且控制了个人的预期收入，详细估计过程见 Xing 和 Zhang(2013)。

7.4.4 进一步分析

7.4.4.1 城市规模对农民工工资的异质性影响

下面将检验大城市更快的人力资本积累功能，以及城市规模收益的技能偏向性。前面已经指出，城市的重要功能是加速人力资本积累，农民工通过学习能够积累更有价值的大城市经验。表 7-7 显示，3 年及以下城市经验、3 年及以上城市经验的农民工工资对城市规模的弹性分别是 0.029 和 0.053，都在 1%水平上显著。这说明，大城市更能加速农民工的人力资本积累。此外，初中及以下、高中及以上文化程度农民工的工资对城市规模的弹性分别是 0.039 和 0.051，也都在 1%水平上显著。尽管两个弹性系数差距相对较小，但也可说明城市规模经济的技能偏向性。由于缺乏大专及以上的样本，我们无法观察到城市规模可能对大专及以上高技能农民工工人工资产生更大的影响。从表 7-7 还可见，如果使用完全调整了生活成本的工资，尽管城市规模估计系数仍呈现出城市经验和技能的偏向性，但与城市规模无显著关系。使用局部调整生活成本的工资后，尽管相对差距有所下降，城市规模扩张对实际工资的影响依然呈现出城市经验和技能的偏向性①。

7.4.4.2 稳健性分析

本节将验证本章的结论对不同城市样本和不同生活成本指数的稳健性。表7-7组A的基准结果是前面报告的基于30个及以上农民工的城市的估计结果。组B依次给出了基于20个及以上、40个及以上农民工的城市的估计结果。我们在组D也尝试了Brandt和Holz(2006)构造的省级层面可比物价指数。可见，所得估计结果与基准结果基本一致。

表7-7　进一步分析结果

情景	名义工资	实际工资	修正的实际工资
A. 基准结果	0.042***	0.007	0.025***
	(0.009)	(0.011)	(0.009)
B. 城市规模的异质性影响			
B1 城市经验：　3年以下	0.030***	0.0001	0.019**
	(0.009)	(0.011)	(0.008)
3年及以上	0.053***	0.015	0.032***
	(0.010)	(0.012)	(0.011)
B2. 受教育水平：初中及以下	0.038***	0.005	0.023***
	(0.009)	(0.011)	(0.009)
高中及以上	0.059***	0.018	0.033***
	(0.012)	(0.013)	(0.012)
C. 样本城市			
C1. 20个及以上农民工	0.042***	0.007	0.024***
(145个城市)	(0.008)	(0.011)	(0.009)
C2. 40个及以上农民工	0.040***	0.006	0.023***
(100个城市)	(0.009)	(0.011)	(0.009)
D. Brandt和Holz(2006)省际物价指数	—	0.006	0.035***
	—	(0.011)	(0.009)

注：第一阶段回归同表7-2模型(6)，第二阶段回归同表7-3模型(6)。

① 与名义工资的结果相比，城市规模对不同城市经验或技能水平农民工实际工资的影响的差距缩小了。这是因为在生活成本高的大城市中，城市经验更长或高中及以上文化程度的农民工的比例更大。

7.5 小结

本章使用最新的流动人口监测调查数据考察了农民工在不同规模城市的技能选择性，城市规模扩张对农民工名义和实际工资的影响。我们发现，农民工在大城市具有一定的正向技能选择性后，控制技能选择性后，城市规模扩张仍能提高农民工工资水平，且对城市经验更长或受教育水平更高的农民工的影响更大。此外，考虑到大城市带来更大的净便利性等，大城市依然能给农民工带来更高的效用水平，不同规模城市的劳动力市场一体化程度有待进一步提高。根据已有的研究以及本章的结论，现阶段符合市场发展规律的城市规模扩张有利于资源的有效配置，实现城市当地居民和外来农民工的“双赢”局面，特别地，有助于作为弱势群体的农民工充分共享城市化所带来的收益。

不可否认的是，城市规模继续扩大可能会产生更多的负便利性，例如拥堵、污染和社会治安等问题。但是这些问题是否必须通过严格控制人口规模、提高劳动力流动成本来解决是值得商榷的。首先，自由流动是劳动力资源有效配置的重要保障，不合理的劳动力流动壁垒，特别是与户籍制度相关的壁垒，不仅会造成收入不平等和社会不公平，而且会阻碍经济的进一步增长。其次，可以通过其他手段缓解或解决这些问题。例如，提高城市综合管理能力，优化城市内部系统以及合理规划城市群等。最后，大城市之所以更有吸引力也与国家长期以来的偏向性经济发展政策有关（Xing 和 Zhang，2013），因此，纠正不公正的政策偏向，破除等级化的城市管理体制，合理分配国家计划资源（包括财政和土地等），将有利于优化我国的城市规模体系。大城市规模不会无限制扩大，市场机制可以调节并实现均衡的城市规模体系。但是按照现在的外生条件实现的均衡城市规模是否就是最优的城市规模，还需要进一步讨论，这也超出了本章的研究范围。但至少现在，我国依然具有巨大的城市规模经济潜能。

8 城市集聚和城市工人工资

8.1 引言

城市化在提高城乡居民收入和促进城乡协调发展上作出了重要贡献(Du 等，2005;刘学军和赵耀辉，2009)。尽管学界和政策制定部门在提高城市化水平上这一点上基本达成了共识，但是在城市规模体系如何优化的讨论上，依然存在诸多争议(详细综述见:王业强，2012)。虽然 2014 年国务院发布的《关于进一步推进户籍制度改革的意见》提出要严格控制城区人口在 500 万人以上的特大城市人口规模，但是相关的争论也一直没有中止。相比于城市扩张所引发的负面效应，如交通拥堵、房价高涨、环境污染、治安恶化等，城市规模扩大所带来的正面效应容易被忽视或低估(陆铭、高虹和佐藤宏，2012)。有些研究发现，城市人口集聚可以提高劳动生产率，而我国对大城市规模的限制政策抑制了大城市的集聚效应，造成了巨大的经济效率损失(Au 和 Henderson，2006;Combes 等，2013)。本章旨在使用覆盖全部地级及以上城市常住人口的 2005 年 1%人口抽样调查微观数据，考察城市人口集聚效应程度及其异质性。

本章首先分析城市规模扩大对名义工资和生产率水平的影响。虽然大城市的工资溢价更高(图 8-1)，但是这可能是因为大城市工人的技能水平更高，而不是因为其本身具有更高的生产率，因此我们控制了工人在不同城市的技能差异。在此基础上，除了控制更多的城市层面变量外，我们还使用 1953 年第一次人口普查中的城市规模作为当前城市规模的工具变量。结果显示，名义工资水平对城市规模的弹性为 8.7%。其次，尽管名义工资更能反映生产率信息，但只有实际工资才更能反映工人的实际工资或效用水平以及劳动力流动决策。为此，我们考察了调整生活成本的工资与城市规模之间的关系。结果表明，对于规模越大的城市，工人的实际工资越高，这也意味着我国不同规模城市劳动力市场分割问题依然严重。最后，我们还考察了城市规模对不能技能水平工人名义和实际工资影响的差异性，结果发现，相比于低技能工人，高技能工人从城市人口集聚中获得的名义和实际工资更高。

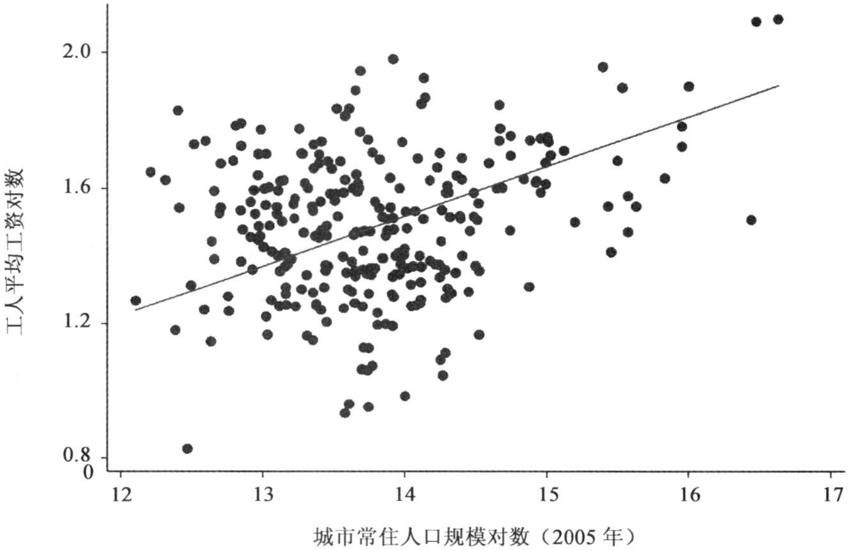

图 8-1　城市规模的工资溢价

数据来源：2005 年 1%人口抽样调查

本章的发现对于理解中国特殊国情下城市集聚、技能选择和工资之间的关系具有重要意义。首先，本章进一步证实了 Au 和 Henderson(2006)和 Combes 等(2013)的发现，即我国城市规模经济收益依然较大，明显高于基于欧美发达国家的估计结果。城市经济理论认为，城市人口规模或集聚外部性提高了劳动生产率和工资水平。具体作用机制包括运输成本的节省、劳动力的匹配，中间投入产品共享和知识或技术的溢出(Glaeser，1999；Duranton 和 Puga，2003)。但是，城市规模扩大也会带来拥塞效应，在一定程度上抵消生产率和工资水平的增加。基于欧美国家数据的估计的城市规模工资弹性较低。譬如，法国的城市规模工资弹性为 1.5%～3%(Combes 等，2010)，意大利只有 1%(Addario 和 Patacchini，2008)，美国为 4.1%(Glaeser 和 Resseger，2010)。本章进行了更为保守的估计，得到的 2005 年的弹性是 8.7%，而且即使到最近，也可能并未明显减少。

其次，本章发现大城市能够带来更高的实际工资，意味着我国不同规模城市的劳动力市场并未实现一体化。否则大城市的工资溢价会吸引劳动力流入，进而推动生活成本的上升，直至不同规模城市的实际工资相等。如果大城市带来的净便利性更高，一体化的劳动力市场意味着大城市的实际工资甚至会更低。然而，户籍制度限制对大城市具有居住需求的劳动力，造成了不同规模城市劳动力市场的空间分割。这不仅抑制了城市规模或集聚经济潜能的发挥，致其无法惠及更多的劳动者，还会阻碍经济的进一步增长。可以预见的是，进一步降低劳动力流动壁垒，将推动人口向大城市集聚。

最后，不同技能的工人获得的城市集聚效应存在异质性。相比于低技能工人，城市规模扩大对高技能（大专及以上）工人名义和实际工资的影响更大，进而导致大城市的工资差距更高。再考虑到大城市高技能劳动力比重并未显著地高于其他城市，这也意味着当前限制劳动力流动的因素，特别是户籍制度，对高技能工人的负面影响会更大，使得城市集聚效应更不能惠及高技能劳动者。

本章对已有文献的贡献主要表现在以下三个方面。第一，本章数据中的城市样本覆盖面更广，个体样本更全，既包括城市当地工人，也包括外来流动工人。因此，本章的结论更具有代表性。大多数使用微观个体样本未覆盖全部常住人口，通常局限于城镇当地工人或者大学生，例如，柴国俊和邓国营（2012）和 Combes 等（2013）。第二，本章可以充分控制和研究不同规模城市工人的技能选择性。不少研究使用城市层面数据考察了城市集聚或规模经济效应（例如，范剑勇，2006；毛丰付，潘加顺，2012），但是使用城市层面数据无法考察技能和城市的互补性，以及劳动力市场分割等问题。第三，本章还考察了不同规模城市工人的实际工资或效用差异，进而更深入地分析了不同规模城市劳动力市场的空间分割状况，对从一般意义上考察不同地区和城市劳动力市场空间分割状况的研究进行了有效的补充和延伸（例如，Démurger 等，2008；Whalley 和 Xing，2013）。

本章其他内容安排如下：第二部分是基本估计模型、变量和数据；第三部分是实证结果；第四部分是稳健性分析；第五部分是本章的小结。

8.2 模型、变量和数据

8.2.1 模型和变量

本节旨在讨论估计模型设定和变量选择。本章回归模型是扩展的 Mincer 工

资决定模型

$$\log \omega_{ci} \text{ or } \log \omega_{ci}/P_c = \alpha_0 + \alpha_1 C_{ci} + \alpha_2 F_{cj} + \alpha_3 \Phi_c + \varepsilon_{cji} \quad (1)$$

其中，ω_{ci} 为名义小时工资，ω_{ci}/P_c 是实际小时工资，P_c 是城市间的生活成本；C_{ci} 是工人的个人特征变量，如性别、潜在经验和城市经验、受教育程度和两位代码职业特征，以反映技能水平；F_{cj} 是所有制和两位代码行业特征；Φ_c 是包括城市规模在内的城市层面变量；α_0 是常数项，α_1、α_2 和α_3 是相应特征变量系数，ε_{cji} 是随机扰动项。

关于当前城市规模变量的选取，本章直接使用微观数据中的 2005 年各城市常住人口规模①。同时，一个城市很可能受益于周围城市的集聚效应和规模经济，但随着距离的延长，周围城市的集聚效应和规模经济的影响会下降。借鉴 Harris (1954)的定义，构造市场潜能变量，将它定义为以距离倒数为权重的 2005 年周围全部城市规模的加权平均和。同样，一个地区越靠近沿海地区，进出口的运输成本越低，受到海外知识和技术溢出的影响也越大，本章用离港口城市距离②来反映海外市场可得性的影响。城市自有规模，市场潜能，以及离港口城市距离反映了三种不同维度"市场可得性"(Combes 等，2013)。

为了减轻可能因缺失变量造成的城市规模内生性问题，本章还引入 2005 年相关城市层面控制变量，如劳均工业资本存量、工业企业中内资企业比重、产业结构、基础设施变量和流入地地区虚拟变量。本章使用规模以上工业企业劳均固定资本来代理全部劳均资本规模。另外，外商直接投资资本还会产生知识和技术的溢出效应(Branstetter，2006)，为了反映外资企业相对于内资企业的溢出效应差异，引入规模以上工业企业中内资企业的比重作为反指标。产业结构用第三产业就业比重与第二产业就业比重之比衡量。城市基础设施用人均城市道路铺装面积来代理。最后，为了控制地区层面的不可观测特征对工资和城市规模的影响，还加入流入地地区虚拟变量，其中流入地地域分为华北、东北、华东、

① 我们还尝试了已有文献使用的其他两种城市规模指标：城市就业规模(Au 和 Henderson，2006)和城市大学生数量(陆铭等，2012)，并发现估计结果是一致的。

② 选取 32 个沿海港口城市：上海、宁波、广州、天津、青岛、秦皇岛、大连、日照、营口、烟台、连云港、湛江、威海、海口、三亚、唐山、沧州、锦州、福州、厦门、泉州、漳州、深圳、珠海、汕头、中山、温州、舟山、台州、北海、防城港和钦州。

华中、华南、西北以及西南七个组。注意，在估计过程中，本章所有城市层面变量都取对数。

尽管引入了控制变量，城市规模变量仍可能存在内生性问题，根据周围城市规模构造的市场潜能变量也会存在同样的问题。借鉴陆铭等(2012)的方法，使用新中国成立后1953年第一次人全国普查中的城市人口规模作为2005年城市规模的工具变量。有效的工具变量需要满足强相关性和外生性两个条件。由于城市规模变化具有累积性和持久性特征(Ciccone 和 Hall，1996)，1953年城市规模对2005年城市规模具有很强的解释力，这一点将在下节得以检验。外生性条件要求工具变量和随机扰动项不相关，1953年距2010年有57年，1953年城市规模不受新中国成立后的许多重大政治变化、人口变动以及特别是1978年以后各项经济改革的影响，与当前生产率和工资无直接关系。

8.2.2 数据和描述性分析

本章主要使用的微观数据集是国家统计局2005年1%人口抽样调查的20%子样本。抽样方法为分层、多阶段、整群概率比例的抽样，调查时间是2005年11月1日零时。这个人口抽样调查覆盖全国31个省市自治区287个地级市的常住人口，包括详细的工人的人口、就业和工资等信息。本章还使用了1953年全国第一次人口普查资料①，相关年份的《中国城市统计年鉴》，以及用以计算城市间空间距离的国家基础地理信息系统的城市经纬度数据。

本章对样本数据进行如下处理。第一，本章的城市样本指地级及以上城市的市辖区，而不是其全部行政区域。以2010年最新行政区划为准，调整2005的行政区划。我们还排除了1953年人口规模信息缺失的5个城市。第二，本章个体样本既包括城市当地工人，也包括在当地城市居住半年以上的外来工人。第三，只保留从事工资性工作的样本。这是因为自我经营收入同时包含劳动收入和资本收入，且无法区分开。第四，为了使本章的结论更具有代表性，我们使用数据中的权重对样本加权。经过处理后，城市样本共282个，个体工人样本为281 711个。

表8-1给出了按不同规模城市分组的变量描述性统计。使用最新的2010年

① 为了避免因行政区划调整造成的估计误差问题，以2010年城市行政区划为基准调整1953年行政区划。

城市常住人口规模口径，将城市分为中小城市（100 万以下人口）、大城市（100 万～400 万人口）和特大城市（400 以上人口）。从不同规模城市的样本分布看，规模较大的城市，特别是特大城市的人口比重很高。虽然特大城市在全部样本城市中的占比只有 7.5%，但其工人数量占全部样本的比重高达 45.9%。规模越大的城市的工资水平越高，大城市的工资水平比中小城市高 6.3 个对数百分点，而特大城市的工资溢价更高，比大城市高 22.6 个对数百分点。此外，规模更大的城市的女性和年轻人的比例较高，而受教育水平差别不大，甚至还略低。从不同户籍身份角度看，规模较大的城市的外地工人比重更高，特别是农业户籍外地工人，而本地农业户籍工人的比重较低。

表 8-1 城市工人特征的描述性统计（均值）

变量	中小城市	大城市	特大城市	总计
工资对数	1.442	1.505	1.731	1.599
女性	0.409	0.429	0.455	0.438
年龄	36.118	35.211	33.723	34.673
受教育年限（年）	11.244	11.027	11.063	11.078
小学及以下	0.086	0.098	0.089	0.092
初中	0.361	0.388	0.410	0.394
高中	0.288	0.272	0.263	0.270
大专及以上	0.264	0.242	0.238	0.244
潜在经验（年）	18.880	18.190	16.666	17.601
非农业当地	0.696	0.555	0.418	0.514
非农业外地	0.041	0.071	0.119	0.088
农业当地	0.185	0.200	0.132	0.166
农业外地	0.078	0.174	0.332	0.231
个体样本量	44 860	107 590	129 261	281 711
城市样本量	147	114	21	282

注：为了节省篇幅，这里未报告职业（两位代码）、行业（两位代码）和所有制类别的描述性统计分析。

8.3 空间技能选择性

本节考察城市规模溢价是否由工人技能的空间选择性造成的。与预期有所不同的是,大城市工人的技能水平并不高,而是呈现出一定程度的负向选择性。从表8-2模型(1)可知,如果只引入城市规模变量,其估计系数为0.137。在模型(2)加入受教育年限后,城市规模系数上升到0.141。这主要是因为大城市集聚了更多的受教育水平相对较低的农民工。在模型(3)控制潜在经验和性别变量后,城市规模系数增加0.01。这是因为工资较低的青年人和女性更可能在大城市工作。如果用受教育年限、潜在经验和性别来代理技能水平,那么控制这些技能特征后,大城市的工资溢价上升了10.2%,意味着大城市工人就其技能特征呈现一定程度的负向选择性。如果技能口径还覆盖职业特征(两位代码),那么工人的负向技能选择性程度将增大(见模型(4))。

表8-2 不同规模城市工人的技能选择性

	(1)	(2)	(3)	(4)	(5)	(6)
城市规模	0.137***	0.141***	0.151***	0.157***	0.158***	0.150***
	(0.026)	(0.022)	(0.021)	(0.021)	(0.021)	(0.022)
受教育年限		0.111***	0.118***	0.086***	0.073***	0.070***
		(0.005)	(0.005)	(0.004)	(0.004)	(0.001)
潜在经验			0.018***	0.015***	0.014***	0.014***
			(0.001)	(0.001)	(0.001)	(0.001)
潜在经验平方/100			−0.025***	−0.023***	−0.023***	−0.023***
			(0.003)	(0.003)	(0.002)	(0.002)
性别			−0.158***	−0.145***	−0.143***	−0.141***
			(0.021)	(0.008)	(0.008)	(0.007)
职业(两位代码)				是	是	是
行业(两位代码)					是	是
所有制					是	是
户籍特征						是
调整 R^2	0.048	0.325	0.362	0.413	0.441	0.447
个体样本量	281 711	281 711	281 711	281 711	281 711	281 711

注:括号内报告的是经过城市层面聚类调整的稳健型标准差;城市规模变量取对数

为了进一步考察工人在不同规模城市的技能选择性，在图 8-2 绘出以城市规模 75%分位点为界的大城市（实线）和小城市（虚线）工人技能水平的核密度图①。从中可见，大城市工人的负向技能选择性主要是因为低技能工人的比重略高，以及高技能工人的比重更低。这与西方发达国家的实证发现有显著差别。Combes 等(2012)发现，法国大城市的技能水平总体上更高，而技能分布呈现“高峰厚尾”特征，尾部两端低技能和高技能比重都较大。

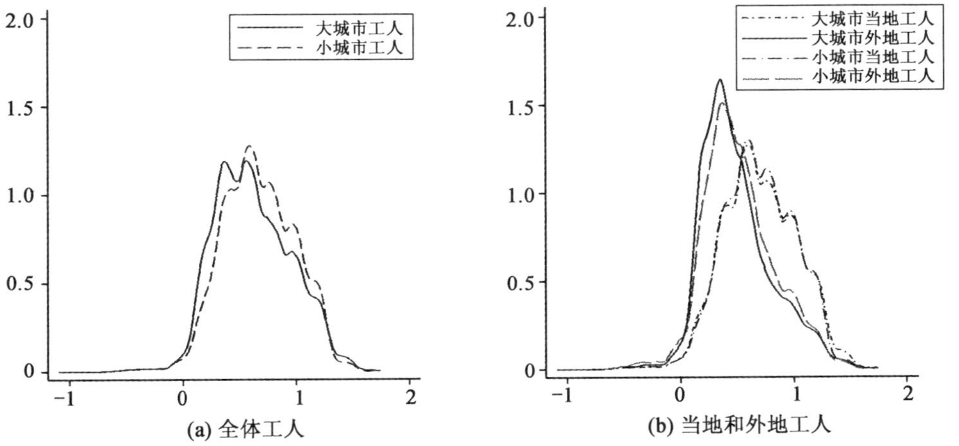

图 8-2　不同规模城市工人技能的核密度分布

城市规模分界点：75%分位点

然而，我们并没有控制未观测技能特征，因此大城市的工资溢价也可能归因为工人就未观测能力的正向选择性。国外一些研究使用个体固定效应法考察未观测特征的空间选择性，例如，Combes 等(2008)等。这种方法对微观数据的要求极高，需要个体在不同年份和城市重复出现的个体面板数据。由于本章使用的是截面数据，无法使用这种方法。我们遵从 Murphy 和 Topel(1990)、Glaeser 和 Maré(2001)的思路，即认为未观测技能的空间差异与可观测技能相同。据此可知，工人

① 工人的技能水平是根据受教育年限、潜在经验、性别和职业特征变量乘以相应估计系数而得到的综合指数，其中，回归模型控制了人口、就业、户籍特征以及城市虚拟变量。另外，作为对以城市规模 75%分位点为界的稳健性分析，我们也尝试以城市规模 50%分位点为界区分大城市和小城市，所得的两个核密度图近乎一致。

就其未观测技能仍是负选择的，因此本章的估计结果可视为保守的估计。总之，大城市的工资溢价并不是因为工人的(观测和可观测)技能水平更高。

不同城市的行业和所有制特征也会有差异，进而可能影响大城市的工资溢价。为此，我们在模型(5)中控制行业(两位代码)和所有制特征，结果发现，城市规模系数几乎未变，这说明大城市工资溢价与行业和所有制特征无显著关系。最后考察户籍歧视对大城市工资溢价的解释力。在模型(6)控制户籍特征后，城市规模系数有所下降。这可能是因为大城市的户籍政策更紧，致其劳动力市场上户籍歧视的工资溢价更大。

8.4 城市集聚效应的估计

8.4.1 城市规模对名义工资的影响

在控制技能选择性的基础上，表 8-3 给出了引入城市层面控制变量和使用 OLS 或 IV 方法的回归结果。模型(1)到(4)是 OLS 估计结果。模型(1)只加入城市规模变量，此时城市规模系数是 0.150，在 1%水平上显著。在模型(2)加入市场潜能和离港口城市距离后，城市规模系数下降至 0.113，而市场潜能系数为 0.114，离港口城市距离系数为－0.039，这三个系数的符合方向和显著性都符合预期。模型(3)进一步加入地区虚拟变量，以控制未观测的地区特征，结果城市规模系数小幅下降了 0.003，尽管离港口城市距离系数仍符合预期，但是市场潜能系数不再显著。在模型(4)引入了城市层面控制变量后，城市规模系数下降 0.015，而市场潜能和离港口城市距离系数未发生改变。

模型(5)和(6)是Ⅳ估计结果。模型(5)在模型(3)的基础上控制了城市规模和市场潜能的潜在内生性，使用的工具变量是 1953 年城市规模和市场潜能。2005 城市规模和市场潜能对 1953 年工具变量的 Shea 偏 R^2 分别达到 0.713 和 0.928，这显示出 1953 年城市规模和市场潜能对 2005 年相关变量具有很强的解释力。与模型(3)OLS 估计结果相比，模型(5)的城市规模系数出现小幅下降，减少 0.017，而市场潜能系数依然不显著，离港口城市距离变量系数几乎没有改变。模型(6)在模型(4)基础上引入了城市层面的控制变量，城市规模系数出现小幅下降。由于模型(6)比模型(5)引入了更多的城市层面控制变量,我们更愿意接受模型(6)的估计结果。

表 8-3 城市规模和工资水平(被解释变量:小时工资对数)

项目	(1) OLS1	(2) OLS2	(3) OLS3	(4) OLS4	(5) IV1	(6) IV2
城市规模	0.150***	0.113***	0.110***	0.095***	0.093***	0.087***
	(0.022)	(0.017)	(0.015)	(0.014)	(0.018)	(0.016)
市场潜能		0.114***	−0.008	−0.010	0.002	−0.004
		(0.044)	(0.052)	(0.046)	(0.054)	(0.045)
离港口城市距离		−0.039***	−0.021***	−0.020***	−0.023***	−0.021***
		(0.006)	(0.006)	(0.006)	(0.007)	(0.006)
劳均工业企业资本				0.062***		0.067***
				(0.022)		(0.022)
内资工业企业比重				−0.070**		−0.074**
				(0.035)		(0.035)
产业结构				−0.018		−0.026
				(0.039)		(0.039)
城市人均道路面积				0.051**		0.053**
				(0.023)		(0.023)
地区虚拟变量	否	否	是	是	是	是
个体和企业特征	是	是	是	是	是	是
调整 R^2	0.447	0.468	0.482	0.486	0.482	0.482
样本量	281711	281711	281711	281711	281711	281711
Ⅳ回归第一阶段估计结果						
1953 年城市规模					0.653***	0.670***
					(0.066)	(0.026 5)
Shea 偏 R^2					0.713	0.831

注:括号内的数字是经过城市层面聚类调整的稳健型标准差;城市层面变量都取对数;Ⅳ回归第一阶段结果是城市规模对工具变量的回归,该模型还控制了其他相关变量;囿于篇幅,未报告关于市场潜能的Ⅳ回归第一阶段结果;下同。

从模型(6)可知,城市规模系数是 0.087,这就意味着,城市规模扩大一倍,城市工人工资增加 6.2%($2^{0.087}-1$)。如果工人从城市规模 10%分位点上的城市流向城市规模 90%分位点上的城市,那么其工资将增加 45.3%。与基于西方发达国家的实证结果相比，我国 2005 年依然存在巨大的城市规模经济潜能。市场潜能变量系数始终不显著，这与 Combes 等(2013)的发现一致，说明任一城市工人工资不受周围城市规模经济效应的影响。但与其不同的是，离港口城市距离系数也显著为负，这意味着更接近海外市场可以提高劳动生产率和工资水平。

但是，本章基于 2005 年微观数据得出的结论是否具有时效性？如果城市规模收益是递减的，那么 2005 以后，城市规模收益很可能下降了，甚至与西方发达国家相同。本章认为，即使出现下降，其降幅也较低。尽管从 1997 年开始了小城镇户籍改革，而且从 2005 年进行了城市户籍一元化改革，但户籍制度，特别是大城市的户籍门槛依然很高，制约着劳动力的自由流动[①]。为了检验本章结论的时效性，我们使用 2006 和 2011 年《中国城市统计年鉴》中城市职工工资来估计城市规模工资效应，并观察其变化，其中，城市职工口径不包括私营企业和个体户工人，以及灵活就业人员。从表 8-4 可知，职工工资对城市规模的弹性只发生了小幅下降。因此，这个结论在当下依然成立。

表 8-4　城市规模和城市职工名义工资：2005—2010 年

项目	2005 年	2010 年
城市规模	0.113***	0.103***
	(0.020)	(0.013)
调整 R^2	0.795	0.781
样本量	282	282

注：数据来源：《中国城市统计年鉴，2006，2011》；按照城市内城镇职工数量进行加权回归；除了额外引入大专及以上人口比重作为人力资本变量外，其他模型设定和估计方法与表 3 模型(6)相同；这里之所以只使用 2010 年而没有使用最新的城市数据，是因为只有 2010 年的人口普查才提供了准确的城市常住人口数据。

表 8-3 模型(6)还控制了一些其他城市变量和地区虚拟变量。人均工业资本变量系数显著为正，符合预期，这说明人均资本的增加可以提高劳动生产率和工资水平。内资工业企业比重显著为负，这也验证了外资企业的知识或技术溢出效应功能。产业结构变量系数不显著，这可能是因为尽管第三产业的就业创造效益更强，但其生产率并未明显高于第二产业。城市人均道路面积变量系数显著为正，与

① 1997 年 5 月 20 日，公安部公布《小城镇户籍制度改革试点方案》和《完善农村户籍管理制度的意见》，决定从 1997 年开始试点放开小城镇户口；从 2005 年起，先后有 9 个省份宣布取消农业和非农业户籍划分。

预期一致。良好的基础设施作为公共资本投入有助于劳动生产率和工资水平的提高。

8.4.2 城市规模对实际工资的影响

下面我们进一步考察城市规模对工人实际工资的影响。大城市的土地价格更高，进而抬高依赖土地投入的商品和服务的成本，特别是住房成本。生活成本包括住房成本和非住房成本两部分。我们首先估计住房成本，其计算过程分为两步。第一步，估计各城市可比或同质住房成本 $\log P_{H_c}$ 。城市同质住房租金 $\log P_{H_c}$ 是根据 $\log P_{H_{ci}} = \gamma_0 + \gamma_1 \Psi_{H_{ci}} + \log P_{H_c} + \zeta_{ci}$ 估算出来的，其中，$\log P_{H_{ci}}$ 是家庭月租金支出，$\Psi_{H_{ci}}$ 是家庭住房特征变量①，$\log P_{H_c}$ 可认为是各城市虚拟变量系数。关于自有住房价格信息，只有购房价格，而没有租金。由于购房价格不能反映调查时点的住房价格，本章只使用租用住房的租金信息。第二步，估计家庭住房租金消费份额 τ_H 。在我国 CPI 核算中，住房(自有住房和租房，不包括水电燃气和建材)占 CPI 权重明显偏低，只有 5%左右(孙文凯和罗圣杰，2011)，而美国 2000 年住房占 CPI 权重达到 32.8%。在本章样本中，租户租金支出占家庭收入的 12.5%，考虑到 2005 年城镇居民消费率为 75.7%(7943/10493)，则住房租金消费份额为 $\tau_H =$ 16.5 %。据此得到住房成本 $\tau_H \log P_{H_c}$ 。

尽管住房成本对生活成本的影响很大，但不考虑非住房成本依然可能低估总生活成本，但我们缺乏城市层面的非住房成本信息。如果不考虑运输和劳动力流动成本，住房和非住房(商品或非住房服务)价格实际上主要由土地价格驱动的，因此住房和非住房价格存在一定的系统性关系。Albouy(2008)使用美国有限数量的城市之间的可比 ACCRA 生活成本数据估算了非住房价格随住房价格变化所发生的改变，得到的弹性系数为 26%。由于国内对此没有相关研究，我们姑且使用这个弹性系数，得到非住房成本 $\log P_{NH_c} = 0.26\log P_{H_c}$ 。据此，推算出总生活成本 $\log P_c = \tau_H \log P_{H_c} + (1 - \tau_H)\log P_{NH_c} = 0.38\log P_{H_c}$ ，进而实际工资对数为 $\log \omega_{ci} - \log P_c$ 。

① 住房特征变量包括住房面积、住房间数、住房用途、建筑层数、建筑结构、建成时间、是否与他人合住、有无自来水，有无卫生间，有无厨房，主要炊事燃料、有无厕所、住房来源、有无洗澡设施和住房类型(家庭户，集体户)等。

我们将估计结果报告在表 8-5。从模型(1)到模型(6)的估计结果可知，无论采取何种设定和估计方法，城市规模扩张依然能够显著提高工人的实际工资。这也意味着，平均而言，如果工人从小城市流向大城市，他的效用水平将提高。倘若考虑到大城市所具有的更多的净便利性(Xing 和 Zhang，2013)，如消费便捷性和多样性、文化和物理环境、更优质的公共服务等非市场外部性特征等，那么工人能从大城市获得的效用水平则更高。这说明我国劳动力市场尚未实现空间一体化，对大城市人口规模的控制将导致经济效率损失和居民福利水平的减少。

表 8-5　城市规模与实际工资(被解释变量：小时实际工资对数)

项目	(1) OLS1	(2) OLS2	(3) OLS3	(4) OLS4	(5) IV1	(6) IV2
城市规模	0.098***	0.070***	0.067***	0.065***	0.069***	0.064***
	(0.018)	(0.010)	(0.008)	(0.008)	(0.009)	(0.009)
市场潜能		0.103***	0.030	0.059	0.048	0.070*
		(0.031)	(0.036)	(0.037)	(0.036)	(0.037)
离港口城市距离		−0.028***	−0.021***	−0.022***	−0.021***	−0.022***
		(0.005)	(0.005)	(0.005)	(0.005)	(0.005)
城市层面变量				是		是
地区虚拟变量			是	是	是	是
个体和企业特征	是	是	是	是	是	是
调整 R^2	0.445	0.457	0.466	0.467	0.467	0.463
样本量	281 711	281 711	281 711	281 711	281 711	281 711

8.5　城市集聚效应的技能异质性

下面验证城市集聚效应的技能异质性。一方面，大城市的知识和技术溢出效应比小城市更强，技能水平更高的劳动力从城市内周围人群学到更多的知识。另一方面，大城市更容易发生技术创新，对高技能劳动力的需求更大。便于分析问题，且不失一般性，我们用受教育程度衡量技能水平。表 8-6 显示，初中及以下、高中、大专及以上文化程度工人的名义工资对城市规模的弹性分别是 0.076、0.080 和 0.099，都在 1%水平上显著。这说明，城市规模对生产率和名义工资的正向影响明显偏向于大专及以上文化程度这类高技能的工人,而对高中和初中文化程度工人的影响则相近。

表 8-6 城市规模与名义工资:技能异质性

项目	初中及以下	高中	大专及以上
城市规模	0.076***	0.080***	0.099***
	(0.010)	(0.017)	(0.022)
调整 R^2	0.284	0.315	0.429
样本量	136 015	77 661	68 035

调整了生活成本后,不同技能水平工人从城市集聚中能够获得的实际工资或效用水平依然更高,而且呈现的差异性与未调整生活成本的工资的结果一致。表8-7 表明,初中及以下、高中、大专及以上文化程度工人的实际工资对城市规模的弹性分别是 0.054、0.056 和 0.078,都在 1%水平上显著。这说明,大城市更有利于提高大专及以上文化程度工人的实际工资或效用水平。但是,结合表 8-1 和表 8-2 可知,城市规模收益的高技能(大专及以上)偏向性与不同规模城市的技能(或受教育程度)分布是不匹配的,意味着高技能劳动力市场的空间分割更严重。

表 8-7 城市规模与实际工资:技能异质性

项目	初中及以下	高中	大专及以上
城市规模	0.054***	0.056***	0.078***
	(0.008)	(0.010)	(0.015)
调整 R^2	0.259	0.271	0.351
样本量	136 015	77 661	68 035

我国现有户籍制度是劳动力(包括高技能劳动力)市场空间分割的重要原因。劳动力(包括高技能劳动力)对在城市长久居住、社会保障和公共服务(教育和医疗)有着强烈的偏好,而这些需求与当地户籍制度密切相关(Whalley 和 Xing,2013)。由于大城市户籍背后的福利更优,劳动力对在大城市居住具有强烈的偏好。表 8-8 显示,低技能和高技能流动劳动力都更愿意在大城市长期居住和转换户籍,其中,高技能劳动力对此的偏好更强。但是大城市户籍的门槛也更高,成为劳动力向大城市流动的壁垒。对于高技能流动劳动力,户籍的影响则更大。这是

因为高技能流动劳动力通常也是城市户籍居民，与大多数农业户籍的低技能流动劳动力相比，向大城市流动的机会成本更高。因此，如果进一步改革户籍制度，减弱大城市对劳动力流动的不合理制度限制，那么劳动力，特别是高技能劳动力将更多地集聚在大城市。这不仅会推动经济的进一步增长，也使得城市集聚或规模经济惠及更多的劳动者。

表 8-8　流动劳动力对在大城市长久居住的需求(2012 年)

项目	是否打算在当地居住 5 年及以上 (是＝1/否＝0)	愿意转成当地户籍 (是＝1/否＝0)
高技能劳动力×城市规模	0.004***	0.003***
	(0.001)	(0.001)
城市规模	0.033**	0.227***
	(0.018)	(0.058)
调整 R^2	0.050	0.054
样本量	93 876	93 876

注："高技能劳动力"变量是虚拟变量(大专及以上＝1/其他＝0)；2012 年的回归分析分别使用了国家卫计委 2012 年流动人口监测调查数据。回归模型还控制了工资收入，年龄及其平方，性别，婚姻状况，受教育年限，户籍。

8.6　小结

本章使用 2005 年 1％人口抽样调查数据发现，在控制工人的技能水平，以及城市层面变量后，城市规模对城市工人工资的正向影响依然很大。即使调整了生活成本后，城市规模对城市工人的实际工资或效用还较高。此外，城市集聚效应还存在着技能异质性。大专及以上的高技能工人从大城市可以获得的生产率提升和效用增加的空间还可以继续扩大。但是现实户籍制度阻碍了劳动力，特别是高技能劳动力向大城市的流动，使得大城市的高技能工人比重总体上仍不足。逐步放松户籍制度的限制，破除劳动力流动壁垒，可以促进经济的进一步增长，使得更多的高技能和低技能劳动者从城市集聚效应中受益。

9 总结论和政策建议

9.1 总结论

本书在参阅了大量中外文资料和文献基础上回顾了城市化及集聚效应的理论基础、城市化和城市体系的演变历程，并使用多个住户调查数据、省级和城市层面数据分析了城市化及集聚效应对居民收入分配统计、农村收入分配、劳动收入占比、农民工和城镇居民工资等的影响。本书的发现主要归结为下面三个方面：

第一，农村劳动力流动本身会引起了“家庭”和“住户”两个概念的分离，造成了实践中外出从业收入核算方式的不一致。对于外出从业人员，如果将其与非外出从业作为家庭整体，那么其所有个人收入应都作为家庭收入；如果认为其在外地已经形成一个新的住户，那么其不计入或者不作为完整的常住人口计入家庭人口，同时只把外出成员的寄回带回收入计入来源地家庭收入。但结果发现，不同地区在核算农村住户外出收入的过程中，可能采取了不同的核算方式。这在一定程度上低估了农村居民，特别是农村外出户的人均收入水平。此外，核算方式的不一致对收入差距的估计也产生一定影响。经过统一调整后，农村内部收入差距略有上升，而城乡之间的收入差距以及城乡合并的收入不均等程度则有所下降，但城乡之间的收入差距在总差距中仍占有较高的比重。

第二，现阶段农村劳动力外出从业促进了农村居民收入增长，缩小了农村差距，并缓解了农村贫困。这意味着，外出从业不仅提高了农村居民收入水平，而且由外出从业带来的收入增长已惠及到了各收入层次的居民，尤其是低收入户居民。这也进一步表明，现阶段农村劳动力外出从业呈现出新的特征和规律。此外，从城市化、市场化对劳动收入占比的影响来看，虽然城市化过程中市场化对劳动收入占比产生负效应，但是“不完全城市化”向“完全城市化”转变可削弱这种负效应，使市场化对劳动收入占比演变的影响呈现门槛特征：当城市化处于“不完全城市化”阶段时，市场化对劳动收入占比产生负效应；当城市化跨过“不完全城市化”阶段，转向“完全城市化”阶段后，市场化对劳动收入占比产生的负效应将减小。

第三，城市规模扩张仍能提高农民工工资水平，且对城市经验更长或受教育水平更高的农民工的影响更大。考虑到大城市带来更大的净便利性等，大城市依然能给农民工带来更高的效用水平，不同规模城市的劳动力市场一体化程度有待进一步提高。另外，城市规模对城市工人工资的正向影响依然很大。即使调整了生活成本后，城市规模对城市工人的实际工资或效用还较高。城市集聚效应还存在着技能异质性。大专及以上的高技能工人从大城市可以获得的生产率提升和效用增加的空间还可以继续扩大。但是现实户籍制度阻碍了劳动力，特别是高技能劳动力向大城市的流动，使得大城市的高技能工人比重总体上仍不足。因此，现阶段符合市场发展规律的城市规模扩张有利于资源的有效配置，实现城市当地居民和外来农民工的“双赢”局面。

9.2 政策建议

9.2.1 完善收入数据采集方式，统一外出从业收入核算方式

当前农村住户收入和消费数据是通过农户记录日记账的方式采集上来的。国家统计局要求记账户对当天所发生的经济活动及其对应的收入和支出数量进行记录，辅助调查员会对其记账信息进行例行检查，并根据所记录的收支金额和数量关系推算实物收入的货币价值。由于农村收支事项繁多，这种方法对于减轻收支的测量误差具有积极作用。但是随着经济发展水平的提高和人民收入水平的上升，外出务工规模的扩大，以及外出务工收入的上涨，居民记账的机会成本逐年提高。与此同时，政府发放的记账补贴经费有限，赶不上记账的机会成本的增速，从而导致农村住户，特别是高收入住户的记账意愿降低。如果农户不配合记账，就会违背抽样调查的随机性原则，甚至导致农村住户样本不具有代表性。为了保证农户样本的代表性，需要调整收支数据采集方式，将日记账和访问调查两种方式结合起来。对于不愿花时间记账的住户，使用访问调查来取代日记账。尽管这可能引入经典测量误差，但会在很大程度上保证抽样调查的随机性。

除了调整收支数据采集方式外，统一外出从业收入核算方式也至关重要。无论是采用日记账，还是进行访问调查，有成员外出的住户都可能将“家庭”和“住户”这两个概念混淆。对问卷进行科学而合理的设计可以规避这个问题。首先，由于界定常住人口概念的条件很多，为了更准确地判断常住人口，针对这些界定条件单独设置问题，最后由计算机统一处理，以最大限度地避免人为主观判断偏误。其次，无论是访问调查，还是日记账，同时要求住户回答或记录两个事项，即“住户在当年内获得的总收入”以及“住户在当年的实际汇回带回收入”，最后由计算机根据受访者的常住人口性质来决定将何种收入计入到家庭总收入中。同样，这也可以有效地避免人为主观判断误差。

虽然2013年开始实施的城乡一体化住户调查解决了城乡划分范围不规范、城乡居民收入指标分类不统一的问题，但是仍未解决住户调查所覆盖的流动住户比重较低的问题(罗楚亮等，2016)。这些难以覆盖的流动住户通常是举家迁移的住户、与原户籍地不再保持联系而在居住地稳定居住的住户。对于这部分住户的抽样不足问题，可从两个方面进行破解。一方面，扩大流动住户抽样调查的地域范围。不同于当地住户，很多流动住户的住所并不是正规的住宅，而是就业场所、城乡接合部小产权房、雇主临时搭建的简易房等非正规住宅。因而，编制抽样框的时候要尽可能覆盖这些地方的流动人口。另一方面，对于流动人口住户的调查，尽可能使用问卷调查，而不是日记账。与当地住户相比，流动人口的流动性较强。由于日记账耗时耗力，如果仍使用这种方式采集流动住户的收支数据，不可避免地导致其不愿意参与记账，使其抽样明显不足。

9.2.2 走以人为本的高效、包容和可持续的新型城市化道路

全面推进农村土地管理和征地制度改革。根据2014年世界银行和国务院发展研究中心联合发布的《中国:推进高效、包容和可持续的城镇化》，近年来中国大部分的城市扩张都依赖于农村土地的转换，且农村耕地数量已接近于被官方认为是保障粮食安全的18亿亩(1.2亿公顷)红线。在这条红线的约束下，尽快完成农村土地确权工作，保护农民土地承包经营权；保障农民对承包地和宅基地的占有、使用、收益、流转、抵押和担保权能，允许农村集体建设用地按条件出让、租赁和入股；建立健全农村产权流转交易市场。此外，根据市场供求引导土地配置，合理提

高征地补偿标准，完善对被征地农民的保障机制。这不仅会解脱土地对农民的束缚，促进农村劳动力的流动，提高农民的收入水平，而且也会避免城市扩张过程中的“摊大饼”现象。

加快新型城市化建设步伐。积极推进城市棚户区和城中村改造，加紧实施老旧住宅小区综合整治、危旧住房和非成套住房的改造，保障城市危房户、贫困户最基本的住房安全。加强城市公共供水、燃气供热、综合交通网络、信息网络、地下管网、垃圾处理设施等市政设施的改造和建设，最终建成绿色城市、智慧城市、节约城市、人文城市等。增加城市中小学校和幼儿园的供给，加大对接收农民工随迁子女较多的城市中小学校、幼儿园建设的财政投入力度。完善医疗卫生机构、文化设施、体育健身场所设施、公共管理服务设施、公园绿地设施、社区服务设施等公共服务设施建设。完善城市住房供给体系，支持有条件的农村转移人口在城市购房，加大公共租赁房等社会保障房建设力度。

进一步深化户籍制度改革。推进农业转移人口市民化，进一步减弱，甚至摒弃指标控制计划，降低落户准入条件要求，制定公开透明的落户标准以及切实可行的落户目标，重点解决在城市以稳定生活和就业的农业转移人口的落户问题，提高户籍人口城市化比率。对于未落户城市的常住人口，全面落实居住证制度，保障居住证持有人享有当地义务教育、基本就业服务、基本公共卫生、基本住房保障等基本公共服务，缩小外来人口与当地居民在享有城市公共服务上的差距。推进基本公共服务常住人口均等化，实施义务教育“两免一补”等农村福利政策可携带，实现城乡养老和医疗保险无缝隙对接、转移和相互结算。这可以提高农村劳动力的转移意愿，提高其收入水平，使得城市化的进程能够包容到更多的劳动者，特别是低技能或低收入劳动力。

9.2.3 完善城市规模体系，加快城市群建设

尽管各界在推动城市化这一点上已经基本达成共识，但是在城市化模式的战略选择上，即以中小城市为主导、还是以大城市为主导上，依然存在争议。大城市更强的集聚效应能够提高劳动生产率、促进技术创新，但也会造成诸如交通拥堵、社会治安严重、房价高涨、环境污染集中等成本。长期以来，相比于大城市的正面效应，其负面效应更受关注，这也成为控制大城市人口规模政策的主要依据。而另

一方面，在等级化的城市管理体制下，经济政策更偏向于大城市，使其基础设施和公共服务等便利性更高。由此，城镇居民从大城市获得的福利水平要大于从小城市获得的福利水平，使得大城市更具有吸引力。2013 年开启了新一轮的户籍制度改革要求更加严格地控制特大城市人口规模，对其落户政策也随之更加苛刻。尽管这种政策短期内或表面上保护了当地居民的利益，但由于城市规模经济不能得到充分发挥，长期内或实质上却限制了当地居民利益的增长潜能，也阻碍了外来劳动力，特别是农民工去充分共享城市化带来的好处。

如果控制特大城市人口规模成为硬约束，可以使用户籍政策以外的产业结构调整或市场等一揽子手段来疏解特大城市人口。首先，加快产业转移和升级。转移“三高”企业、低端制造企业、区域批发市场，加快存量企业或产业的技术改造和升级，整顿餐饮、洗浴、美容美发等“五小门店”以及物业管理、家政服务等生活服务业。这一方面优化特大城市的经济结构，另一方面通过减少部分劳动需求带动人口疏解。其次，控制特大城市新增建设用地，防止“摊大饼”式的盲目扩张。长期以来，“土地城市化”快于“人口城市化”，造成了城市人口密度下降，土地资源使用效率不高。当前需要纠正特大城市蔓延式的扩张，适当提高土地使用成本，这有助于推动部分产业和人口向周边城市转移。最后，疏解特大城市优质公共服务。由于历史和政策原因，特大城市集聚了优质的教育、医疗、公共文化和社会福利等，成为吸引外来人口流入的主要动力。当前需要适当疏解特大城市的部分优质公共资源和服务，缩小其与其他城市之间在公共服务方面的差距，以此优化城市人口空间分布。

加快城市群建设，实现城市群内部一体化，缓解核心区特大城市人口压力。提升长三角、珠三角和京津冀三大城市群一体化水平，加快推进中原、长江中游、哈长、成渝、辽中南、山东半岛、海峡西岸和关中城市群建设。明确城市群各城市功能定位，优化产业空间分布，形成分工梯度明显、优势互补、协调发展和合作共赢的新格局。统筹规划建设和完善城市群公共交通、高速公路铁路、城际铁路、机场、港口、通讯等基础设施，促进商品、人口和资金在城市群内的自由流动。推进城市群内城市基本公共服务均等化，缩小各城市在教育、医疗等基本公共服务的差距，引导人口合理流动。

参 考 文 献

[1] 蔡昉,王美艳.为什么劳动力流动没有缩小城乡收入差距.经济学动态,2009(8).

[2] 柴国俊,邓国营.城市规模与大学毕业生工资溢价.南方经济,2012(10).

[3] 蔡翼飞,张玉华.中国城镇人口统计方法变迁及调整方向.区域经济评论,2015(6).

[4] 陈良文、杨开忠.集聚与分散:新经济地理学模型与城市内部空间结构、外部规模经济效应的整合研究.经济学(季刊),2007(1).

[5] 陈剩勇,张丙宣.建国60年来中国地方行政区划和府际关系的变革与展望.浙江工商大学,2009(5).

[6] 陈宗胜,宗振利.二元经济条件下中国劳动收入占比影响因素研究——基于中国省际面板数据的实证分析.财经研究,2014(2).

[7] 陈先运.农村剩余劳动力测算方法研究.统计研究,2004(2).

[8] Démurger,Sylvie,Martin Fournier,李实,魏众.中国经济改革与城镇劳动力市场分割——不同地区职工工资收入差距的分析.中国人口科学,2008(2).

[9] 都阳,朴之水.劳动力迁移收入转移与贫困变化.中国农村观察,2003(5).

[10] 樊纲、王小鲁、朱恒鹏.中国市场化指数——各地区市场化相对进程2011年报告.北京:经济科学出版社,2011.

[11] 范剑勇.产业集聚与地区间劳动生产率差异.经济研究,2006(11).

[12] 费舒澜,郭继强.农民工收入统计归属对城乡收入差距的影响.统计研究,2014(6).

[13] 高文书.进城农民工就业状况及收入影响因素分析——以北京、石家庄、沈阳、无锡和东莞为例.中国农村经济,2006(1).

[14] 高文书.农村劳动力流动与中国城乡收入差距统计问题研究.中国社会科学院研究生院学报,2013(5).

[15] 龚刚、杨光.论工资性收入占国民收入比例的演变.管理世界,2010 (5).

[16] 国家统计局.2015年农民工监测调查报告.载自 http://www.stats.gov.cn/tjsj/zxfb/201604/t20160428_1349713.html.

[17] 胡枫. 农民工汇款与家庭收入不平等:基于反事实收入的分析. 人口研究, 2010 (3).
[18] 华生. 城乡差距的统计误区和真实挑战. 中国证券报,2010(9).
[19] 黄枫,吴纯杰. 中国省会城市工资溢价研究——基于分位数回归的空间计量分析. 财经研究,2008(9).
[20] 姜磊,郭玉清. 中国的劳动收入份额为什么趋于下降? ——基于二元经济模型的观察与解释. 经济社会体制比较,2012(1).
[21] 李稻葵,刘霖林,王红领. GDP 中劳动份额演变的 U 型规律. 经济研究,2009(1).
[22] 李实. 中国农村劳动力流动与收入增长和分配. 中国社会科学. 1999(2).
[23] 李实,杨修娜. 农民工工资的性别差异及其影响因素. 经济社会体制比较, 2010(5).
[24] 李实,赵人伟. 市场化改革与收入差距扩大,载吴敬琏,江平. 洪范评论. 北京:中国政法大学出版社,2007.
[25] 李强,陈宇琳,刘精明. 中国城镇化"推进模式"研究. 中国社会科学,2012(7).
[26] 刘修岩,贺小海. 市场潜能、人口密度与非农劳动生产率———来自中国地级面板数据的证据. 南方经济,2007(11).
[27] 刘学军,赵耀辉. 劳动力流动对城市劳动力市场的影响. 经济学(季刊). 2009(2).
[28] 陆铭,高虹,佐藤宏. 城市规模与包容性就业. 中国社会科学,2012(10).
[29] 陆铭,向宽虎,陈钊. 中国的城市化和城市体系调整:基于文献的评论,世界经济,2011(6)
[30] 罗长远,张军. 经济发展中的劳动收入占比:基于中国产业数据的实证研究. 中国社会科学,2009(4).
[31] 罗长远,张军. 劳动收入占比下降的经济学解释——基于中国省级面板数据的分析. 管理世界,2009(5).
[32] 罗楚亮,薛进军. 城市层级与城镇居民收入差距. 劳动经济研究,2015(5).
[33] 罗楚亮. 农村贫困的动态变化. 经济研究,2010 (5).
[34] 罗楚亮,倪青山. 资本深化与劳动收入比重——基于工业企业数据的经验研究. 经济学动态,2015(8).
[35] 罗楚亮,李实,Terry Sicular 和岳希明. 2007—2013 年期间的收入增长和收入

差距. 中国收入分配研究院工作论文 No. 48,2016.
[36] 罗忠勇. 农民工及其各职业群体工资性别差异之比较分析——基于珠三角农民工的追踪数据:2006~2008 年. 中国农村经济,2010(9).
[37] 彭树宏. 城市规模与工资溢价. 当代财经,2016(3).
[38] 毛丰付,潘加顺. 资本深化、产业结构与中国城市劳动生产率. 中国工业经济,2012(10).
[39] 宁光杰. 自选择与农村剩余劳动力非农就业的地区收入差异——兼论刘易斯转折点是否到来. 经济研究,2012(S2).
[40] 彭丽荃. 2010 年农民工监测报告. 载国家统计局:2011 中国发展报告. 北京:中国统计出版社,2011.
[41] 乔晓春,李景武. 对第四次人口普查市镇人口划分口径的探讨. 人口研究,1991(3).
[42] 盛来运. 国外劳动力迁移理论的发展. 统计研究,2005(8).
[43] 盛来运. 流动还是迁移——中国农村劳动力流动过程的经济学分析. 上海:上海远东出版社,2008.
[44] 宋锦. 户籍制度改革与中国劳动力迁移. 北京师范大学博士论文,2011.
[45] 宋锦,李实. 中国城乡户籍一元化改革与劳动力职业分布. 世界经济,2013(7).
[46] 宋月萍,陶椰. 融入与接纳:互动视角下的流动人口社会融合实证研究. 人口研究,2012(3).
[47] 孙文凯,白重恩,谢沛初. 户籍制度改革对中国农村劳动力流动的影响. 经济研究,2011(1).
[48] 孙志军,杜育红. 农村劳动力流动及其对收入的影响. 人口与经济,2004(4).
[49] 王放. 市镇设置标准及城镇人口统计口径对中国城市化发展的影响. 人口与发展,2011(2).
[50] 王建国,李实. 农民工工资状况分析. 载自国家人口计生委. 中国流动人口发展报告 2012. 北京:中国人口出版社,2012.
[51] 王建国,罗楚亮,李实. 外出从业收入核算方式对农村居民收入水平及收入分配的影响. 中国农村经济,2012(8).
[52] 王建国. 外出从业、农村不平等和贫困. 财经科学,2013(3).

[53] 王建国,李实.大城市的农民工工资水平高吗?管理世界,2015(1).

[54] 王萍萍.论收入统计口径对城乡居民收入差距的影响.发展研究,2011(3).

[55] 王小鲁.中国城市化路径与城市规模的经济学分析.经济研究,2010(10).

[56] 王业强.倒"U"型城市规模效率曲线及其政策含义——基于中国地级以上城市经济、社会和环境效率的比较研究.财贸经济,2012(11).

[57] 王子,叶静怡.农民工工作经验和工资相互关系的人力资本理论解释.经济科学,2009(1).

[58] 伍山林.劳动收入份额决定机制:一个微观模型.经济研究,2011(9).

[59] 魏后凯.中国城市行政等级与规模增长.城市与环境研究,2014(1).

[60] 武洁,李桂芝.我国各地区常住人口总量推算方法探讨.统计研究,2011(2).

[61] 谢嗣胜,姚先国.农民工工资歧视的计量分析.中国农村经济,2006(4).

[62] 邢春冰.农民工与城镇职工的收入差距.管理世界,2008(5).

[63] 邢春冰.迁移、自选择与收入分配——来自中国城乡的证据.经济学(季刊),2010 (2).

[64] 杨昕.二元户籍制度下农村劳动力转移对劳动收入占比变动的影响.人口研究,2015(9).

[65] 杨小凯.经济学原理.北京:中国社会科学出版社,1998.

[66] 杨小凯.发展经济学.北京:社会科学文献出版社,2003.

[67] 余吉祥,周光霞,段玉彬.中国城市规模分布的演进趋势演进——基于全国人口普查数据.人口与经济,2013(2).

[68] 岳希明,罗楚亮.农村劳动力外出打工与缓解贫困.世界经济,2010(11).

[69] 张杰,卜茂亮,陈志远.中国制造业部门劳动报酬比重的下降及其动因分析.中国工业经济,2012(5).

[70] 张军,吴桂英,张吉鹏.中国省际物质资本存量估算:1952—2000.经济研究,2004(10).

[71] 张松林.城市化过程中市场化对劳动收入占比演变的影响.中国农村经济,2015(1).

[72] 张松林,孙文远,程瑶.城乡二元结构转换过程中劳动收入占比演变——兼论中国劳动收入占比下降的成因.经济评论,2014(3).

[73] 赵文,张展新.统计方法对估计城乡收入差距的影响及重新测算.劳动经济研究,2013(1).

[74] Addario,Sabrina Di,and Eleanora Patacchini,2008,"Wages in the Cities:Evidence from Italy",*Labour Economics*,Vol. 15(5):1040-1061.

[75] Albouy,D.,2008,"Are Big Cities Really Bad Places to Live? Improving Quality-of-Life Estimates across Cities",NBER Working Paper No. 14472.

[76] Ananat,Elizabeth,Shihe Fu,and Stephen L. Ross,2013,"Race-Specific Agglomeration Economics:Social Distance and the Black-White Wage Gap." NBER Working Paper No. 18933.

[77] Arpaia,A.; Pérez,E. and Pichelmann,K.,2009,Understanding Labour Income Share Dynamics in Europe,MPRA Paper No. 15649.

[78] Au,C. C. and J. V. Henderson,2006,"Are Chinese Cities too Small?" Review of Economic Studies,Vol. 73,pp. 549-576.

[79] Azmat,G.,Manning,A.,and Van Reenen,J.,2007,Privatization,Entry Regulation and the Decline of Labor's Share of GDP:A Cross-Country Analysis of the Network Industries,CEPR Discussion Papers 6348.

[80] Bacolod M.,B. S. Blum,and W. C. Strange,2009,"Skills in the City",*Journal of Urban Economics*,Vol. 65(2):136-153.

[81] Baum-Snow,Nathaniel,and Ronni Pavan,2013,"Inequality and City Size",*Review of Economics and Statistics*,95(5):1535-1548.

[82] Baum-Snow,Nathaniel,Matthew Freedman,and Ronni Pavan,2014,"Why Has Urban Inequality Increased",Working Paper.

[83] Bental,B. and Demougin,D.,2010,Declining Labor Shares and Bargaining Power:An Institutional Explanation,*Journal of Macroeconomics*,32(1):443-456.

[84] Bentolina,S. and Saint-Paul,G.,2003,Explaining Movements in Labor Income Share,*Contributions to Macroeconomics*,3(1):1101-1136.

[85] Blanchard,O.,1997,The Medium Run,*Brookings Papers on Economic Activity*,28(2):89-158.

[86] Blanchard, O. and Giavazzi, F., 2003, Macroeconomic Effects of Regulation and Deregulation in Goods and Labor Markets, The *Quarterly Journal of Economics*, 118(3): 879-907.

[87] Brandt, L. and C. A. Holz, 2006, "Spatial Price Differences in China: Estimates and Implications", *Economic Development and Cultural Change*, Vol. 55, pp. 43-86.

[88] Branstetter, Lee, 2006, "Is Foreign Direct Investment a Channel of Knowledge Spillovers? Evidence from Japan's FDI in the United States", *Journal of International Economics*, Vol. 68, pp. 325-344.

[89] Burnell, James D. and George Galster, 1992, "Quality-of-life Measurements and Urban Size: An Empirical Note", *Urban Studies*, Vol. 29, pp. 727-735.

[90] Chen, Shaohua and Martin Ravallion, 2008, "China is Poorer than We Thought, But No Less Successful in the Fight against Poverty". The World Bank Policy Research Working Paper 4621.

[91] Cheng, W. and Zhang, D., 2006, Domestic and Global Sourcing, *Division of Labor & Transaction Costs*, 2(1): 37-53.

[92] Chiquiar, Daniel, and Gordon H. Hanson, 2005, "International Migration, Self-Selection, and the Distribution of Wages: Evidence from Mexico and the United States". *Journal of Political Economy*.

[93] Ciccone, Antonio and Robert E. Hall, 1996, "Productivity and the Density of Economic Activity," American Economic Review, 86(1): 54-70.

[94] Combes, P. -P., G. Duranton, and L. Gobillon, 2008, "Spatial Wage Disparities: Sorting Matters!" *Journal of Urban Economics*, Vol. 63, pp. 723-742.

[95] Combes, P. -P., G. Duranton, L. Gobillon, S. Roux, 2010, "Estimating agglomeration effects with history, geology, and worker fixed-effects" In E. L. Glaeser (ed.) The Economics of Agglomeration. Cambridge, MA: National Bureau of Economic Research.

[96] Combes, P. -P., G. Duranton, L. Gobillon, 2012, 'The Costs of Agglomeration: Land Prices in French Cities", CEPR Discussion Paper 9240.

[97] Combes, Pierre-Philippe, Sylvie Démurger, Shi Li, 2013, "Urbanisation and Migration Externalities in China", Working Paper, School of Economics, Aix Marseille University.

[98] Dahl, G. B., 2002, "Mobility and the return to education: Testing a Roy model with multiple markets", *Econometrica*, Vol. 70, pp. 2367-2420.

[99] Decreuse, B., and Maarek, P., 2008, FDI and the Labor Share in Developing Countries: A Theory and Some Evidence, MPRA Paper No. 11224.

[100] Démurger, Sylvie and Hui Xu, 2011, "Return Migrants: The Rise of New Entrepreneurs in Rural China", *World Development*, Vol. 39(10), pp. 1847-1861.

[101] DiNardo, John, Nicole M. Fortin, Thomas Lemieux, 1996, Labor Market Institutions and the Distribution of Wages, 1973-1992: A Semiparametric Approach. *Econometrica*, 64(5): 100-1044.

[102] Du, Yang, Albert Park and Sangui Wang, 2005, "Migration and Rural Poverty in China", *Journal of Comparative Economics*, Vol. 33(4): 688-709.

[103] DuMond, J. M., B. T., Hirsch, and D. A. Macpherson, (1999), "Wage differentials across labor markets and workers: does cost of living matter?" *Economic Inquiry*, Vol. 37(4): 577-598.

[104] Duranton, Gilles and Diego Puga, 2003, "Micro-Foundation of Urban Agglomeration Economics", NBER Working Paper 9931.

[105] Edward J. Taylor, Scott Rozelle and Williams Brauw, 2002, "Migration and Incomes in Source Communities: A New Economics of Migration Perspective from China", *Economic Development and Cultural Change*, 52: 75-102.

[106] Eeckhout, Jan, Roberto Pinheiro and Kurt Schmidheiny, 2013, "Spatial Sorting," Working Papers.

[107] Foster, J., J. Greer, and E. Thorbecke, 1984, "A Class of Decomposable Poverty Measures", *Econometrica*, 52(3): 761-766.

[108] Fu, Shihe, 2007, "Smart Café Cities: Testing Human Capital Externalities in the Boston Metropolitan Area", *Journal of Urban Economics*, No. 61, pp.

86-111.

[109] Fu, Shihe and Stephen L. Ross, 2013, "Wage Premia in Employment Cluster: How Important Is Worker Heterogeneity?" *Journal of Labor Economics* Vol. 31(2): 271-304.

[110] Glaeser, Edward L., 1999, "Learning in Cities", *Journal of Urban Economics*, Vol. 46(2): 254-277.

[111] Glaeser, E. L., and D. C. Maré., 2001, "Cities and Skills", *Journal of Labor Economics*, Vol. 19(2): 316-342.

[112] Glaeser, Edward, Matt Resseger and Kristina Tobio, 2008, "Urban Inequality", Working Paper 2008-10, Harvard Kennedy School.

[113] Glaeser, E. L. and M. G. Resseger., 2010, "The Complementarity between Cities and Skills", *Journal of Regional Science*, Vol. 50(1): 221-244.

[114] Glaeser, Edward L., Giacomo A. M. Ponzetto, Yimei Zou, 2015, "Urban Networks: Connecting Markets, People, and Ideas", NBER Working Paper 21794.

[115] Hansen, Bruce E., 2000, Sample Splitting and Threshold Estimation, *Econometrica*, 68(3): 575-603.

[116] Harris, C., 1954, "The Market as a Factor in the Localization of Industry in the United States", *Annals of the Association of American Geographers*, Vol. 64, pp. 315-348.

[117] Harris, Johan R., Michael P. Todaro, 1970, "Migration, Unemployment, and Development: A Two-Sector Analysis", *American Economic Review*, 60(1): 126-142.

[118] Harrison, A., 2005, Has Globalization Eroded Labor's Share? Some Cross-Country Evidence, MPRA Paper No. 39649.

[119] Henderson, J. Vernon, 1982, "Evaluating Consumer Amenities and Interregional Welfare Differences", *Journal of Urban Economics*, No. 11, pp. 32-59.

[120] Kabaca, S., 2011, *Labor Share Fluctuations in Emerging Markets: The*

Role of the Cost of Borrowing, *Koc University*-TUSIAD Economic Research Forum, Working Paper 1122.

[121] Kaldor, N., 1961, Capital Accumulation and Economic Growth, in Lutz, F. and Hague, D. (ed.): *The Theory of Capital*, New York: St. Martin Press.

[122] Krueger, A., 1999, Measuring Labor's Share, *American Economic Review*, 89(2):45-51.

[123] Lewis, W. Arthur, (1954), "Economic Development with Unlimited Supplies of Labour", *Manchester School of Economic and Social Studies*, 22: 139-191.

[124] Li, Chao and John Gibson, 2013, "Spatial Price Differences and Inequality in China: Housing Market Evidence", Working Paper in Economics 06/13, University of Waikato, New Zealand.

[125] Lori Beaman and Andrew Dillon, 2012, "Do Household Definitions Matter in Survey Design? Results from a Randomized Survey Experiment in Mali", *Journal of Development Economics*, 98:124-135.

[126] Maurice Schiff, 2008, "On the Underestimation of Migration's Income and Poverty Impact", *Review of Economics of the Household*, 6:267-284.

[127] Mckenzie, David and Hillel Rapoport, 2007, "Network Effects and the Dynamics of Migration and Inequality: Theory and Evidence from Mexico", *Journal of Development Economics*, 84:1-24.

[128] Murphy, Kevin M., and Robert Topel H., 1990, "Efficiency Wages Reconsidered: Theory and Evidence," *In Advances in the Theory and Measurement of Unemployment*, editd by Yoram Weiss and Gideon Fishelson, London: Macmillan.

[129] Ranis, Gustav, John C. H. Fei, 1961, "A Theory of Economic Development", *American Economic Review*, 51(4):533-564.

[130] Roca, Jorge De la and Diego Puga, 2013, "Learning by Working in Big Cities", CEMFI Working Paper No. 1301.

[131] Rosenthal, Stuart S. and William C. Strange, 2002, "Evidence on the Nature and Sources of Agglomeration Economics", Syracuse University, Working Paper.

[132] Schiff, M., 1996, South-North Migration and Trade. World Bank Working Paper No. 1696, World Bank, Washington, DC.

[133] Shastri, R. and Murthy, R., 2005, Declining Share of Wages in Organised Indian Industry(1973-97): A Kaleckian Perspective, Industrial Organization 0504020, EconWPA.

[134] Shen, I-Ling, Frédéric Docquier and Hillel Rapoport, 2010, "Remittances and Inequality: a Dynamic Migration Model". *Journal of Economic Inequality*, 8: 197-220.

[135] Stark, Oded, 1980, "On the Role of Urban-to-rural Remittances in Rural Development", *Journal of Development Studies*, 16: 369-374.

[136] Stark, Oded, David Levhari, 1982, "On Migration and Risk in LDCs", *Economic Development and Cultural Changes*, 31(1): 191-196.

[137] Stark, Oded, 1984, "Rural-to-Urban Migration in LDCs: A Relative Deprivation Approach", *Economic Development and Cultural Change*, 32(3): 475-486.

[138] Stark, Oded and David E. Bloom, 1985, "The New Economics of LaborMigration". *American Economic Review*, 75(2): 173-178.

[139] Song, Yang, 2014, "What Should Economists Know about the Current Chinese Hukou System?" *China Economic Review*, 29: 200-212.

[140] Todaro, M., 1969, "A Model of Labor Migration and Urban Unemployment in Less Developed Countries", *American Economic Review*, 59(1): 138-148.

[141] Whalley, John and Chunbing Xing, 2013, "The Regional Distribution of the Skill Premia in Urban China and its Implications for Growth and Inequality," *International Labour Review*.

[142] Wing, Kam, Ying Hu, 2003, "Urbanization in China in the 1990s: New Definition, Different Series, and Revised Trends", *The China Review*, 3(2): 49-71.

[143] Xing, Chunbing and Junfu Zhang, 2013, "The Preference for Large Cities in China: Evidence from Rural-Urban Migrants," IZA DP No. 7562.

[144] Zhu, Nong and Xubei Luo, 2010, "The Impact of Migration on Rural Poverty and Inequality: a Case Study in China". *Agricultural Economics*, 41: 191-204.

后　记

本书是近年来我对城市化研究的阶段性总结。改革开放以来，我国经历着前所未有的规模最大、速度最快的城市化进程，城乡格局和城市体系发生着剧烈的变化，对我国经济、社会、政治和文化等领域产生了深远的影响。在经济领域，城市化是改善我国资源配置、加快劳动力和人力资本集聚、支撑经济持续稳定增长、调节收入分配的重要推力，是我国当前促改革、扩内需、调结构、稳增长、保民生的重要抓手。城市化是一块让人着迷的研究领域，很多研究话题具有极强的学术价值和政策意义，值得细致咀嚼、反复玩味。本书特别选取了城市化研究领域中与收入分配有关的话题，将我对它们的点滴思考汇聚起来，力图形成全面、系统且深入的知识体系。

本书是我博士后出站报告的延伸和拓展，其最终完成与我在北京师范大学经济与工商管理学院的博士后经历密不可分。我有幸结识了指导老师李实教授，加入了其领衔的以青年学者为主的国际化学术研究团队，在与团队老师、同门和朋友的交流和切磋下从事收入分配、贫困和劳动力市场等方面的研究。李实教授的治学态度、理念、方法和规范令人叹为观止，是值得我终身学习的。在北师大三年的深耕期间，我的研究理念发生了改变。以前是一位唯技术方法者，坚持“以不变的方法应万变的问题”的信念，后来逐步转向问题导向者，从有意义和有意思的问题入手，追求研究问题和研究方法的协调配合。在这三年期间，我从众多研究主题中寻得了自己愿意持之以恒去探索的话题。影响收入分配的因素很多，有技术、教育、要素结构、产业结构、城市化等。我也尝试过各种与收入分配相关的研究视角，如农民工培训、风险态度、教育收益率、城市化等，但只有对城市化的关注和研究坚持了下来。从研究城市化对收入差距统计的影响开始，逐步在这个领域取得了一个又一个的小胜利，这激发了我去探索这个领域中其他未知问题的欲望，并增强了获得成功的自信心。

本书的成稿离不开指导老师和亲戚朋友的倾心鼓励和鼎力支持。作者特别感谢北京师范大学李实教授的悉心指导，感谢北京师范大学罗楚亮教授和邢春冰教授在关键问题上的指点，感谢南京审计大学张松林副教授所做的重要贡献，感谢北京信息科技大学葛新权教授的关心和鼓励，感谢北京师范大学万海远副教授、南京财经大学詹鹏博士、中国科学院大学钟少颖博士等的帮助。也特别感谢艾克斯-马赛大学的 Pierre-Philippe Combes 教授以及法国里昂大学 Sylvie Démurger 教授所提供了交流和合作机会，使得我对城市集聚效应的理解日趋深刻。感谢中国农业大学出版社张玉编辑的细致且耐心的工作。最后感谢妻子和父母的理解和支持，没有他们在精神和生活上的默默支持，我的很多追求是无法坚持下去的。当然，还有很多其他应该感谢的人，在此一并致谢。

囿于时间和能力限制，本书尚难达到尽善尽美，不免还存在疏漏错误之处。虽然克服诸多困难、付出很多努力，但是本书可能还存在内容不全面、思想不深邃、引用不规范等问题，在此谨表歉意，还请见谅。如果本书能够对城市化的相关研究有一些启示和推动，作者将聊表欣慰。对城市化的探索远没有结束，吾将上下而求索，是为后记！

王建国

2016 年 5 月于北京